一流本科教育探究

宋彩萍　朱炎军　梁宇　等　著

经济管理出版社
ECONOMY & MANAGEMENT PUBLISHING HOUSE

图书在版编目（CIP）数据

一流本科教育探究/宋彩萍等著. —北京：经济管理出版社，2021.3
ISBN 978-7-5096-7857-2

Ⅰ. ①一…　Ⅱ. ①宋…　Ⅲ. ①本科—教育研究—研究—中国　Ⅳ. ①G649.21

中国版本图书馆 CIP 数据核字（2021）第 050825 号

组稿编辑：王格格
责任编辑：王格格　王虹茜
责任印制：黄章平
责任校对：王淑卿

出版发行：经济管理出版社
（北京市海淀区北蜂窝 8 号中雅大厦 A 座 11 层　100038）
网　　址：www. E-mp. com. cn
电　　话：（010）51915602
印　　刷：北京晨旭印刷厂
经　　销：新华书店
开　　本：710mm×1000mm /16
印　　张：13
字　　数：227 千字
版　　次：2021 年 5 月第 1 版　　2021 年 5 月第 1 次印刷
书　　号：ISBN 978-7-5096-7857-2
定　　价：88.00 元

联系地址：北京阜外月坛北小街 2 号
电话：（010）68022974　　邮编：100836

前　言

我为什么临近退休却还要带领团队成员一起撰写这样一本书？这是我从确立主题直到完成书稿整个过程中一直在问自己的一个问题。本书的书名到底起什么也几经周折，最后还是遵从自己的内心，还是称作《一流本科教育探究》：一则因为我们对本科教育的眷爱；二则因为我们对研究问题的把握能力确实非常有限。

带领团队写作此书的激情：

也许是我在山西大学教务处工作 12 年，且主要分管教学科、教材科、师资科、国家大学生文化素质教育基地，长期与广大师生一起奋战在本科教育一线、深深怀有本科教育情结的缘故？

也许是我当时从教师岗位改到山西大学教务处工作，却“不幸且有幸”遇到了王生钰处长——这位整日“耳提面命却训斥有加”“最冷酷无情却让我终身受益”的教务处处长的缘故？

也许是我在山西大学教务处工作期间又遇见了让我放开手脚并创造机会与平台，鼓励我大胆工作的贾锁堂处长的缘故？

也许是我 2002 年在内蒙古大学等高校参加教育部文化素质教育评估期间，由山西大学党委副书记张志敏提名我任国家大学生文化素质教育基地主任（正处级）并得到党政领导班子一致同意的缘故？

也许是我 1995~2005 年追随华中科技大学杨叔子等以及教育部高教司闫志坚等领导致力于文化素质教育实践的缘故？

也许是山西大学以柴作梓先生为首的一批恩师坚持不懈、在刚刚恢复高考不久、面临办学条件异常困难等前提下，却给我们创造有利条件，让我在大学期间就较早地接受了文学、历史、计算机等比较宽泛的跨学科教育的缘故？

也许是我得到山西大学无数师生、诸多领导包括山西省教育厅副厅长杨树国、高教处处长李换珍等支持，且作为第一主持人的“创建‘提高大学教师文化素养’新模式的实践探索” 获得2005年国家教学成果二等奖的缘故？

也许是在潜意识里一直受我博士读书笔记《高等教育与民族精神培育》及博士毕业论文《中国培育民族精神的历史研究》的影响与鼓舞的缘故？

也许是……

在这里，我要感谢所有团队成员的响应与支持，共同来完成这项艰巨的研究任务。

关于本科教育有很多种说法，最经典的就是周远清副部长的一句“教务处是天下第一大处”。王生钰处长当时在山西大学教务处任处长（后来成为山西大学主管本科教学工作的副校长），于每周一次的处务学习例会上，他都会用这句话提醒或勉励我们。在王生钰处长任山西大学教务处处长期间，由他领衔主持的“建立四要素教学管理体系的实践探索”获得了1997年国家教委教学成果二等奖，我也有幸成为其团队中的一员。王生钰副校长在后来的日子里一直在强调这样一个观点：教务处处长能否在任期间获得一项国家级教学成果，直接影响与制约着一所大学的本科教育教学理念与实践，也代表着这位处长是否“功德圆满”。今天想来，这句话虽不是真理，但却非常有道理，直到现在我才真正认识到“教务处是天下第一大处”的深刻哲理。

我本人有幸作为直接执行者参与山西大学的文化素质教育这一宏大的教育教学改革工程，算是一位深受本科生欢迎的一线教师，也参与过教育部和一些省市本科教学工作水平评估工作、教育部文化素质教育评估工作以及本科教学工作审核评估，还撰写过多篇本科教育改革实践方面的论文。但真正让我主笔一本关于本科教育的论著时，心中的忐忑还是无法抑制的。我所知晓与敬仰的一些教育学家也没有做过相关系统的研究，但太多的“也许是”可以说是一直鼓舞我坚持下去的理由。

即将封笔之际，适逢让研究团队高兴的三件事在2020年9月接连出现：一是习近平总书记9月11日在科学家座谈会上发表重要讲话，强调“要加强数学、物理、化学、生物等基础学科建设，鼓励具备条件的高校积极设置基础研究、交叉学科相关学科专业，加强基础学科本科生培养，探索基础学科本硕博连读培养模式”。从国家层面对一流本科人才培养作出最高指示。二是习近平总书记9月22日在教育文化卫生体育领域专家代表座谈会上发表讲话，提出“要支持‘双一流’建设高校加强科技创新工作，依托高水平大学布局建设一批研究设施，推进产学研一体化。要深化高校人才队伍建设改革，建设高素质教师队伍，培养更多一流人才”。让奋战在高等教育战线上的广大师生备受鼓舞且深感责任重大。三是9月28日中共中央政治局就我国考古最新发现及其意义为题举行第二十三次集体学习，习近平总书记强调“当今中国正经历广泛而深刻的社会变革，也正进行着坚持和发展中国特色社会主义的伟大实践创新。我们的实践创新必须建立在历史发展规律之上，必须行进在历史正确方向之上。要高度重视考古工作，努力建设中国特色、中国风格、中国气派的考古学，更好认识源远流长、博大精深的中华文明，为弘扬中华优秀传统文化、增强文化自信提供坚强支撑”。① 习总书记同时还对考古工作和考古学科建设提出四点具体要求。对照党中央国务院的重大决策部署，重新回顾本书的框架设计与研究内容，我们的研究旨在对培养国家需要的一流人才进行比较系统的理论、政策与实践的思考，也许本书起名为“探究”既可以表达出我们的不安与认知，又可以代表我们的情怀与理想。

有些观点与事情不但永远不应该忘记，而且应该世世代代传承下去。行笔至此，新儒家学派代表人物徐复观先生在2004年《再谈香港的高等教育问题》一文中以及中科院院士杨叔子先生在华中科技大学1000期讲座《民族精神：中华民族文化哲理的凝视》中的两席话，不断交替出现在我的脑际。徐复观说，到底要把下一代青年培养成“中国人”还是作为“非中国人”而加以教育，是一个应当正视现实和值得慎重考虑的问题。香港的大学教育应当是培养青年能适应中国的需要，并能在中国社会中生活而且发生作用的教育；杨叔子说，大学中普遍存在的两种现象或主义（民族虚无主义及狭隘民族主义），是中国大学之所以有必要培育民族精神的重大现实原因。② 本书理论篇选取的文化素质教育理论等，是笔者亲身参与体会到的对一流本科教育非常重要且有中国本土创新元素或已看到其在中国高等教育界释放出来灿烂光辉的一些应用理论；政策篇的梳理，既让我们从一个视角重温了我国高等教育一流人才培养的崎岖道路，又让我们从文化自信的角度重新认识与树立了中国特色、中国风格、中国气派的本科教育建设的信心；第三部分选择的六个经典案例，一方面让我们在学习借鉴中保持了更加客观冷静的头脑，另一方面又让我们在比较中认同与坚定了中国高等教育创建一流本科教育的经验、可能、价值与责任。因此，习近

① “学习强国”学习平台。

② 宋彩萍．中国大学培育民族精神的历史研究［M］．青岛：中国海洋大学出版社，2008.

平总书记在全国教育大会上关于“立德树人”的论述①，也成为我们探究一流本科教育的重要思想依据。

今年正值上海对外经贸大学成立六十周年之际，这所生长于国际大都市的高等学校，长期以来以培养应用型、国际化本科经贸人才见长。实事求是地讲，城市与学科赋予了学校诸如生源、就业等更多于学校自身内涵的东西，如果假以更扎实的内涵发展元素，学校的发展就会更加有质感、厚重感与生命力。想到这里，习近平总书记 2016 年 12 月 7 日在全国高校思想政治工作会议上的讲话再次萦绕在我的耳际：“当前，我们正处在全面建成小康社会决胜阶段，我们比历史上任何时期都更加接近中华民族伟大复兴的目标。中华民族和中国人民千年求索、百年奋斗的目标，将在不远的将来变为现实。我们对高等教育的需要比以往任何时候都更加迫切，对科学知识和卓越人才的渴求比以往任何时候都更加强烈。”仅以此献给上海对外经贸大学六十周年校庆，也以此与上海对外经贸大学同事共勉，更以此激励上海对外经贸大学的各位晚辈。

感谢山西大学、华中科技大学、上海对外经贸大学给予我的工作平台和学习平台，感谢这三所大学的文化差异给予我多视角思考本科教育的机会与方法，我学在其中、乐在其中并成长于其中。

宋彩萍

2020 年 10 月 6 日于上海对外经贸大学思源湖畔

① 习近平总书记 2018 年 9 月 10 日在全国教育大会上指出，要努力构建德智体美劳全面培养的教育体系。要把立德树人融入思想道德教育、文化知识教育、社会实践教育各环节，贯穿基础教育、职业教育、高等教育各领域，学科体系、教学体系、教材体系、管理体系要围绕这个目标来设计，教师要围绕这个目标来教，学生要围绕这个目标来学。

|目 录|
CONTENTS

第一部分 理论研究篇

第二部分 政策研究篇

第三部分　案例研究篇

第一部分

理论研究篇

第一章 文献研究

无论是理论上还是在实践中，一流本科教育（First-class Undergraduate Education）探究是一个宏大的命题。本书基于相关文献所进行的现状、概念与特征、热点问题的研究，期许对进一步认识与推进一流本科教育能有所助益。

一、研究现状

通过研读文献发现，“一流本科教育”的概念与所包含的内涵在理论与实践上存在并不完全一致的现象，很多没有“一流本科教育”表述的理论与实践实质上就是做一流本科教育的事情，如原教育部副部长周远清的“三情”，即教学改革情结、素质教育情怀、教育科学研究情愫；① 如北京大学朱孝远关于世界史通识课程的教学实践；② 等等。当然也存在比较多尽管在用“一流本科教育”的概念，但其研究内容与实践举措并无一流本科教育之实的现象。

本书以中国知网清华同方期刊数据库为主要检索工具，以“一流本科教育”为关键词进行检索（截至 2020 年 2 月 28 日），共检索到 144 篇文献。其中，2009 年 1 篇，2012 年 1 篇，2014 年 1 篇，2016 年 1 篇，2017 年 12 篇，2018 年 27 篇，2019 年 97 篇，2020 年（1~2 月）4 篇（见图 1-1）。

可见，教育部 2018 年 6 月 21 日在四川成都召开的“新时代全国高等学校本科教育工作会议”是引发“一流本科教育”研究热的主要原因。这一现象一方面体现出了高等教育理论研究者与实践者关注时代真问题的责任担当，另一方面也反映出了中国理论研究界的现实主义研究作风。

---

① 周远清．我的“三情”[J]．中国大学教学，2019（10）：4-6.

② 朱孝远．世界史通识课程的教学实践[J]．中国大学教学，2019（10）：68-74.

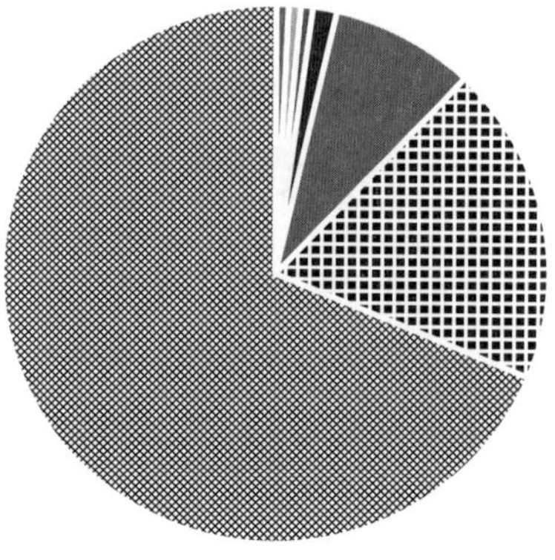

图 1-1 “一流本科教育”中文文献历年发表量

2018 年，《苏州大学学报》教育科学版首开“一流本科教育”笔会，并以“新时代一流本科教育的重建”为主题组稿 10 篇文章。[①] 该组系列文章从不同视角探究一流本科教育，在学界产生了较大影响。紧接着，《重庆高教研究》2019 年第 1 期和第 4 期均以“一流本科教育”为专题分别组稿 10 篇[②]和 6 篇[③]，这些文章的研究视角也比较广泛，如“一流本科教育”必须要有明确的目标定

① 《苏州大学学报（教育科学版）》举办的这次笔会，特约主持人为张应强，10 篇文章分别是南京师范大学胡建华的《建设一流本科教育首先需要更新教育理念》、厦门大学王洪才的《一流本科教育的四重内涵》、国家教育发展研究中心马陆亭的《本科教育模式的共性要素思考》、中国人民大学刘振天的《“以本为本”的三重含义》、西安交通大学陆根书的《从学生课程学习经历看本科教学质量》、厦门大学郑若玲的《一流本科教育应高度重视学业考核制度建设》、湖南大学余小波的《推进教育评价变革，振兴一流本科教育》、南京大学余秀兰的《一流研究型大学如何建设一流本科》、云南大学董云川的《当本科遇见“一流”》和苏州大学黄启兵的《一流本科教育的根本在于师生关系》。

② 《重庆高教研究》2019 年第 1 期的 10 篇文章是：厦门大学王洪才的《一流本科教育始于明确的目标定位》、北京师范大学李湘萍的《本科教育的使命与核心任务：全人发展的视角》、北京大学卢晓东的《一流本科教育不可忽视跨学科人才培养》、南京师范大学王建华的《什么是好的本科教育》、池州学院柳友荣的《一流本科教育的“是”与“不是”》、安徽大学张晶的《一流的本科教育需要一流的教育管理》、厦门大学周序的《一流本科教学改革应该侧重技术层面的突破》、重庆邮电大学李林的《培养创新素养：新时代一流本科教育的重要使命》、重庆文理学院黄伟九的《应用型本科院校一流人才培养的现实抉择》、宁波诺丁汉大学沈伟其的《中外合作大学推进一流本科教育的思考》。

③ 《重庆高教研究》2019 年第 4 期组稿的 6 篇文章是：西南大学张诗亚的《一流本科教育重在回归大学之本》、北京大学卢晓东的《一流本科教育的创造性元素》、加州州立大学萨克拉门托分校周坚中的《成为高等教育强国的美国经验》、华中科技大学郭卉的《研究型大学本科生科研实践的问题与对策》、郑州大学杨光钦的《地方高校一流本科教育改革的重心》、西南大学赵显通的《一流本科生国际化素养培养的两种途径》。

位，“一流本科教育”要将通识教育与专业教育较好地融合，培养出有跨学科能力的人才就是“一流本科教育”，等等，对进一步深入研究问题提供了重要参考。2019 年，以谈学论教为特色的《中国大学教学》杂志新增“一流本科教育”专栏，重点刊登重点大学的相关成功实践探索，如武汉大学的《卓越小班化教学的典型特征与教学策略研究》、东南大学的《一流本科人才培养体系的内涵和重构》和四川大学的《打造一流师资队伍 建设一流本科教育》等。这些笔会与专栏对启发与引领研究探索“一流本科教育”做了一件很好的事情，可以代表最新的“一流本科教育”理论研究的价值取向。

文献研究发现，关于“一流本科教育”研究集中度较高的是关于政策战略、域外经验、内涵特征、方法路径、本土探索等方面的研究。政策战略方面，有眭依凡关于一流本科教育的重点与方向选择，① 张应强关于一流本科教育应该面对的关键性问题，② 等等；域外经验方面，有黄福涛对 QS 世界大学排行榜（2016~2017 年）前 10 名③的本科教育所进行的研究，④ 王冬芳、赵晓军对美国文理学院导师制的研究，⑤ 魏银霞、王金辉对南洋理工大学包括课程设置、科教融合、国际化教学、教学法、宿舍导师制在内的培养理念与教学体系的研究，⑥等等；内涵特征方面，有别敦荣关于一流本科教育的特征与实践趋势，⑦ 周光礼关于一流本科教育的四个基本特点⑧，王洪才关于一流本科教育的四重内涵，⑨ 等等；方法路径方面，有卢晓东认为一流本科教育不可忽视跨学科人才的培养，⑩ 王建华认为“好的本科教育”就是重视专业素养“关键能力”培养、帮助学生养成批判性思维并激发其创新创业精神的教育，⑪ 等等；本土探

① 眭依凡．一流本科教育改革的重点与方向选择［J］．现代教育管理，2019（6）：1-10.

② 张应强．从政策到行动：建设一流本科教育需要面对的关键性问题［J］．江苏高教，2019（9）：1-7.

③ QS 世界大学排行榜前 10 位的（2016~2017 年）是：麻省理工学院、斯坦福大学、哈佛大学、剑桥大学、加州理工学院、牛津大学、伦敦教育学院、瑞士联邦理工学院、伦敦帝国学院、芝加哥大学。

④ 黄福涛．什么是世界一流大学的本科教育［J］．高等教育研究，2019（8）：1-9.

⑤ 王冬芳，赵晓军．一流本科教育的导师制——基于美国文理学院案例分析［J］．比较教育研究，2019（9）：67-73.

⑥ 魏银霞，王金辉．一流本科教育：南洋理工大学的理念与实践［J］．高教探索，2018（8）：67-72.

⑦ 别敦荣．一流本科教育的特征与实践趋势［J］．山东高等教育，2017（1）：6-14.

⑧ 周光礼．一流本科教育的中国逻辑［J］．湖南师范大学教育科学学报，2019（3）：15-22.

⑨ 王洪才．一流本科教育的四重内涵［J］．苏州大学学报教育科学版，2018（4）：4-5.

⑩ 卢晓东．一流本科教育不可忽视跨学科人才培养［J］．重庆高教研究，2019（1）：28-30.

⑪ 王建华．什么是好的本科教育［J］．重庆高教研究，2019（1）：30-32.

索方面，有王娟、杨森、赵婧方关于西安交通大学拔尖人才培养的实践探索，[①] 蒋先玲关于一流本科教育面临的四大挑战所进行的五个方面的改革与实践，[②] 等等。

二、概念与特征

2016 年 3 月 29 日，教育部副部长林蕙青在教育部召开的直属高校“十三五”规划编制和中央部门所属高校教育教学改革专项工作视频会议上，重申世界一流大学和一流学科建设问题，指出一流本科是一流大学的重要基础和基本特征，各高校要大力发展建设一流本科教育，将建设一流本科教育纳入“双一流”建设方案。这应该是中国官方会议上第一次提出“一流本科教育”的概念。

柳友荣研究发现，多数研究均把“一流本科教育”视作具体的工作目标，很少对“一流本科教育”概念的内涵进行分析与研究。如葛忠华在 1996 年就首次在研究中使用了“一流本科教育”的概念，但也只是一个实践层面上的工作指向，缺少概念内涵的辨别与概念本质的揭示，结合全文应该可以将其理解为“同一类型层次院校的好的本科教育”。柳友荣对“一流本科教育”的辨正是聚焦概念溯源及可能发生误区的研究，认为“一流本科教育”从一出生就带有鲜明的实践导向，缺少理论的提纯与逻辑的甄别，也没有给“一流本科教育”下一个清晰的定义。[③] 王洪才在《一流本科教育的内涵、特征与建设》一文中认为，“一流本科教育的核心品质在于通过探究式学习培养学生的创新创业能力”。[④] 作者认为只有基于学生探究性学习而非学习效果导向的教育才是一流本科教育的本质特征，探究性学习表明了学生真正成为学习的主体。尽管这不是从严格意义上对“一流本科教育”下的定义，但对理解与把握“一流本科教育”深具启发。

---

① 王娟，杨森，赵婧方．“拔尖计划”2.0 背景下提升创新人才培养质量的思考与实践［J］．中国大学教学，2019（3）：19-24.

② 蒋先玲．“双一流”背景下“一流本科教育”改革的创新探索［J］．北京教育，2019（12）：12-15.

③ 柳友荣．“一流本科教育”辨正［J］．中国高教研究，2016（7）：21-24.

④ 王洪才．一流本科教育的内涵、特征与建设［J］．中国高教研究，2019（1）：13.

（一）比较说

很多学者都认为影响本科教育质量和人才培养效果的因素极其复杂，因此，要对本科教育区别出伯仲，则无比困难。即便是国内一些本科专业的排行榜，也是用可衡量的硬指标或外显指标来进行排名的，也难以深入所培养的“人”之才层面（这也是多数研究绕道而行，更青睐于选择一流本科教育特征内涵来进行研究的原因之一）。因此，秉持本科教育难以比较的观点比较常见，南京师范大学王建华的观点最具代表性。王建华认为，根据其所提供的服务和产品的质量，基于某种共同的标准，的确可以分出“一、二、三流”来。如学科作为知识生产与分类的“单位”，根据知识生产、传播与应用的数量和质量，根据某些可量化的指标，可以排出不同的名次。但本科教育没有具体的“产品”，接受本科教育的是本科生，本科教育的结果是学士学位。而每一个本科生都是具体的人，不但不同学校接受本科教育的本科生不能相互比较并排名，同一个学校不同专业或同一专业接受相同本科教育的本科生也无法简单判定谁优秀谁不优秀。①

张建林和吕楠几乎是国内最早明确使用“一流本科教育”这一概念的。他们认为“一流本科教育”就是相对于同类高校能培养出符合本类别社会需求的高质量人才的本科教育，其核心竞争力要素是人才培养质量、教学条件、教学工作水平、教学特色、生源质量、社会声誉。② 这一概念有几个核心思想，所谓“一流”是在与同类群体中的比较中得出的，核心比较点是培养出了“本类别社会需求的高质量人才”，评价与支撑要素是六个方面。柳友荣以一流本科教育是什么、不是什么为切入点进行研究，提出了本科教育同一类别可以比较的观点，并引用美国教育家费依屈克（H. A. Foechek）关于大学本科水平四种基本类型③和德国、美国大学本科等素材来佐证自己的比较观。他认为本科教育存在不同类型，每一种类型都可以产生一流的本科教育，每一种类型都有像德

① 王建华．什么是好的本科教育［J］．重庆高教研究，2019（1）：30-32.

② 张建林，吕楠．“一流本科教育”探讨［J］．鄂州大学学报，2009（1）：62.

③ 费依屈克在 1965 年就预言过，将来在某个时候，大学本科水平上可能会有四种基本类型的学士学位教学计划，即科学类、工程科学类、工程类和工程技术类，而经典的人才结构理论是把社会人才分为发现和研究客观规律的学术型人才、善于规划和决策的工程型人才、善于执行与工艺的技术型人才、关于操作与技艺的技能型人才。

国本科教育“能力—技术”、美国本科教育“博雅—发展”一样精彩的可能。① 这一观点的启示是：同类比较还是属于“他比”范畴，根据本科教育的特点，这种比较更多应体现在“自我比较”上，即拿自己的尺子量自己，这也是本科教育审核评估的核心理念，对追求一流本科教育深有启示。

（二）效果说

一些学者认为，一流本科教育就是高水平高质量的本科教育。高水平一般指本科教育的支持性条件与环境，如师资、师生互动率等；高质量一般指人才培养的效果，如培养目标的高达成度。

王洪才按照质量管理理论的基本要求，提出了一流本科教育首先应该具有科学的培养目标定位，认为如果本科生培养的目标定位不准确，就不可能产生一流本科教育效果。② 卢晓东认为，把一流本科教育断定为高质量的教育和以学生为中心的教育是有一定道理的，但它们都不是一流本科教育的独特表征。而培养创造性人才乃为一流本科教育的独特表征，而这一独特性又会在教育思想、教学组织形式等方面呈现出“一流”不同于其他本科教育的独特性。同时，一流本科教育还有本科生参与科学研究的机会、通识教育和专业教育形成良好的互补关系、教育的组织模式应该向住宿学院和本科生院转变等独特表征。③古天龙、魏银霞认为，一流本科教育是高校新的建设目标，打造一流本科教育要在宏观层面达到五个一流，即一流的理念、一流的师资、一流的专业、一流的文化、一流的成果，要在专业建设层面体现五个一流，即一流的培养方案、一流的教学内容、一流的实践平台、一流的教学方法、一流的质量保障，一流本科教育的核心是拥有一流的本科专业，培养出一流的本科人才。④

（三）特征说

文献研究表明，关于一流本科教育的内涵或应该具备的典型特征等相关内容的文献最为丰富，极大地启迪和影响着中国一流本科教育的建设路径。

别敦荣在考察美欧高等教育发达国家情况的基础上，结合高等教育发展的

---

① 柳友荣．一流本科教育的“是”与“不是”［J］．重庆高教研究，2019（1）：32-34.

② 王洪才．一流本科教育始于明确的目标定位［J］．重庆高教研究，2019（1）：24-26.

③ 卢晓东．一流本科教育的创造性元素［J］．重庆高教研究，2019（4）：87-89.

④ 古天龙，魏银霞．以新工科理念推动地方高校建设一流本科教育［J］．中国大学教学，2018（2）：32-35.

历史脉络与趋势，主要围绕“培养人”这个关键点归纳出一流本科教育的四大基本特征，即精英性、基础性、综合性、创造性，并认为它们是一流本科教育的主要内在表征。同时，别敦荣还研究总结出一流本科教育的十个方面的外部表现，即高选择性地招生、一流的人才培养方案、一流的人才培养模式、一流的教学能力、一流的学习能力、一流的课程教学、一流的教学设施条件、一流的教学质量保障、一流的教学文化、造就一流的人才，认为学生一流的学习能力是一流本科教育外部表现中的关键表现。① 南京大学余秀兰、宗晓华基于中国一流大学的研究表明，中国一流本科教育的核心要素是一流的生源、一流的培养过程和一流的毕业生。② 该研究结论代表了中国一流大学对一流本科教育的高度共识。王洪才从时间、空间、现实视角，提出了一流本科教育具有四重属性，即一流本科教育概念的形成具有历史性，一流本科教育具有时代性，对一流本科教育的理解具有国别性，一流本科教育内涵具有普遍性。③ 黄福涛在研究世界一流大学的本科教育时作了这样的概念界定，即本科教育主要指学生在完成规定的学分或学习量，达到所在国家、地区或所在大学规定的标准，能够获得学士学位或相应学历证书或文凭的教育。他的研究除丰富了影响一流本科教育的框架即外部因素、组织影响、内部影响外，还总结出了世界一流大学本科教育的九大共性特征。④

世界一流大学本科教育的共性

(1) 教师和学生构成的高度国际化。
(2) 本科生数少于研究生数。
(3) 拥有从事世界一流研究的教师队伍。
(4) 基本上招入学习成绩优异的学生。
(5) 本科教育都注重培养具有国际视野，把握学科前沿和挑战精神的人才。
(6) 大学开设多种课程供学生选择。
(7) 本科教育强调研究性学习。

---

① 别敦荣．一流本科教育的特征与实践走势［J］．山东高等教育，2017（1）：6-14.
② 余秀兰，宗晓华．一流大学的一流本科教育：特征与评价［J］．江苏高教，2019（2）.
③ 王洪才．一流本科教育的四重内涵［J］．苏州大学学报（教育科学版），2018（4）.
④ 黄福涛．什么是世界一流大学的本科教育［J］．高等教育研究，2019（8）：1-9.

(8) 本科教育并不排斥专业教育，但基本上把教养教育或一般核心课程传授和专业教育有机地结合起来。

(9) 大学为师生提供良好的教学和学习环境以及激励机制，特别是为本科生提供较为灵活的学制和学习方式。

——黄福涛《什么是世界一流大学的本科教育》

林健认为，鉴于一流本科教育在国家高等教育中的重要作用，对其基本特征的认识与构建还是很重要的，他从四个方面构建出一流本科教育的13个基本特征（见表1-1），并认为这些基本特征可以作为制定评价一流本科教育标准的基础。①

表1-1　一流本科教育的基本特征

<table>
<tr><th>维度</th><th>基本特征</th><th>具体内涵（节选）</th></tr>
<tr><td rowspan="3">高等学校地位</td><td>1. 将立德树人作为学校的根本任务</td><td rowspan="3">目标任务上：坚持以社会主义核心价值观为导向，立德树人，坚持实现学生全面发展与个性发展相结合的理念；
育人机制上：坚持以学生为中心，落实学生的主体地位，引导学生自我发展、全面发展的理念；必须强调校内外、课内外的全员、全过程、全方位的育人理念，强调教师教书与全员育人相融合的理念；
培养模式上：树立通识教育与专业教育相融合的理念，坚持理论与实践相结合的知行合一的理念；必须坚持政产学研多方融合、协同育人的理念</td></tr>
<tr><td>2. 将本科教育作为学校的中心工作</td></tr>
<tr><td>3. 先进的本科教育教学理念</td></tr>
<tr><td rowspan="3">办学资源条件</td><td>4. 一流的师资队伍</td><td rowspan="3">数量和结构：数量上应该表现为具有较低的生师比，接近或达到国际上一流本科教育的标准；结构上能够优势互补，而且要达到最佳组合，形成整体的最优效果；
教师个体：知识面广，教育教学能力强，专业实践经历丰富，学术造诣高，有敬业精神和职业道德，胜任指导学生职业发展；
教师发展环境：建立起有利于教师尤其是青年教师发展的政策制度、发展机制和保障条件；
学科优势：本科专业所在学科是重点学科，具有与众不同的学科特色</td></tr>
<tr><td>5. 一流的教育教学条件</td></tr>
<tr><td>6. 充足的教育教学经费</td></tr>
</table>

① 林健．一流本科教育：认识问题、基本特征和建设路径［J］．清华大学教育研究，2019（1）：22-30.

续表

维度	基本特征	具体内涵（节选）
办学资源条件	7. 凸显的办学优势和鲜明的教育特色	学校优势：具有坚实的行业背景，人才培养质量得到相关行业或服务区域的高度认可； 区域优势：服务面向区域中的典型性和代表性，是同类院校的出类拔萃者； 鲜明的教育特色：人才培养模式、人才培养类型和毕业生的能力素质等方面，必须是独有的、不可替代的、难以被其他专业所模仿的
	8. 一流的学科及其成果	
人才培养过程	9. 注重人才培养的多样化	在专业选择上，给予充分的选择时间和空间；在培养计划上，允许本科生在教师指导下制定符合个人实际的个性化培养计划；在课程选择上，通过提供充分的课程资源，允许跨院系甚至跨校选课，给予学生充分的选择空间；在教育教学资源上，为学生提供开放的教育场所和实践场地，支持学生开展丰富多样的教育活动
	10. 注重学生的个性化培养	
	11. 重视人才培养模式创新	
	12. 具有良好的协同育人机制	
	13. 有效的质量持续改进机制	

三、热点问题

这里指的一流本科教育的热点问题，主要指的是有争议的问题，也是本书所关心的现实问题，即“立德树人”根本任务、一流本科教育的建设主体、“以学生为中心”本科教学改革的推进、跨学科培养人才四个问题。

（一）“立德树人”根本任务的问题

国无德不兴，人无德不立。2014 年 9 月 9 日，习近平总书记同北京师范大学师生代表座谈时指出，好老师就应该懂得，选择了当老师就选择了责任，就要尽到教书育人、立德树人的责任，并把这种责任坚持体现在平凡、普通、细微的教学管理之中。2016 年 12 月，总书记在全国高校思想政治工作会议上发表重要讲话，提出“高校立身之本在于立德树人。只有培养出一流人才的高校，才能够成为世界一流大学”“要坚持把立德树人作为中心环节，把思想政治工作贯穿教育教学全过程，实现全程育人、全方位育人，努力开创我国高等教育事业发展新局面”，“立德树人”在 2017 年 10 月召开的中国共产党第十九次代表大会上被明确为高等学校的根本任务。2018 年 5 月，习总书记进一步指出，“要把立德树人的成效作为检验学校一切工作的根本标准，真正做到以文化人、以德育人，不断提高学生思想水平、政治觉悟、道德品质、文化素养，做到明大德、守公德、严私德”“要把立德树人内化到大学建设和管理各领域、各方面、各环节，做到以树人为核心，以立德为根本”,① “立德树人”从此成为人才培养的中心环节。

立德树人离不开思想政治教育，思想政治教育又体现在高等学校工作的方方面面，但几个关键问题却深刻地影响着思想政治教育及立德树人的效果。首先是有必要促使高等学校党政领导及学科带头人提高文化道德修养。哲学家冯友兰先生曾经说过人生有四境：自然境界、功利境界、道德境界、天地境界。自然境界靠天赐，功利境界靠努力，道德境界靠修行，天地境界靠情怀。但当前一些高校党政领导和学术负责人的成长经历决定了其基本上是通过“五唯”（唯分数、唯升学、唯文凭、唯论文、唯帽子）的获得走上今天岗位的，普遍缺乏文化修养，进而影响着其道德修养；工作中普遍存在作风生硬，唯当前是用的功利倾向、唯指标数据为上的管理倾向和价值导向，多方面深层次影响着高等学校立德树人的实效。《论语·里仁篇》讲“德不孤必有邻”，如果大学领导和骨干核心学者有较高的道德境界，就会渗透在管理与学术生活的方方面面，就会春风化雨般滋养校园文化氛围，就会成为吸引师生的磁场，反之亦然。然而，现实情况确实不容乐观。其次是高等学校思政课教师作用的泛化倾向值得注意。一些学校把思政课教师的作用无限扩大，使思政课教师成为全校思想政治教育的引领者与评价者，很多课程思政项目的申报也把思政课程老师的加入作为必要条件，造成思政课教师疲于奔波在各种报告会、各种项目申报、各种社会实践一线，严重影响了其履行“思想政治理论课是落实立德树人的关键课程”的本职工作，客观上也助长了形式主义现象的发生。再次是谨防课程思政中的生硬倾向。在对高校承担课程思政的一些专业课教师的调研中发现，多数教师对课程思政的理解还非常肤浅，所以在课程思政内容设计中出现很多标签式的爱党教育和爱国主义教育内容，既说服不了自己，更难以起到教育学生的作用。在专业教育中渗透德育教育，需要专业课教师具备较高的文化素养，高等学校有必要通过加强培训、创新制度等方法，提高大学教师的文化素养，为专业课教师通过学科文化、专业文化与课程文化的挖掘与建立在专业教学中渗透思想政治教育创造有利条件。最后是紧紧抓住思想政治理论教育的“四性”

① 习近平．在北京大学师生座谈会上的讲话［EB/OL］.（2018-05-02）. http：//cpc. people. com. cn/n1/2018/0503/c64094-29961631. html.

特征，即系统性、透彻性、现实性、实践性，抓住大学生理性思维能力与联系实际能力培养这两个关键，切实提高立德树人的实效。①

（二）一流本科教育的建设主体问题

在宏观上讲，建设主体是指各类型高校；从微观层面来讲，建设主体是指各高校内部的学院或专业本身。本书是从宏观角度梳理相关观点的，具体来说，关于一流本科教育的建设主体大概存在以下观点：

第一种观点：一流本科教育不是一流大学的典型特征。例如，日本广岛大学黄福涛基于对西方大学尤其是美国大学的分析得出的结论，即“世界一流大学强调更多的是研究生特别是博士阶段的教育，更加强调教师从事世界一流的研究活动。鲜有证据或资料反映出世界前10名的大学在力争构建世界一流本科教育，强调和宣传自己的本科教育居于世界一流”。他还引用美国哈佛大学前校长博克2005年的话“世界一流大学并不需要在本科教育方面做得更好”来进一步佐证自己的研究结论。黄福涛认为，“是否具备一流本科教育既不是一流大学成熟的重要标志，也非世界一流大学的根本或重要特征”。该观点主要是基于发达国家一流大学显现出的典型特征得出的结论，并没有直接回答一流本科教育的建设主体是什么的问题，也没有直接否认一流大学不应该重视本科教育。华中科技大学前校长李培根也曾经谈到学校关于“一流本科、一流教学”的提法，“最开始，这一提法在学校里也是有争议的。有人认为，我们是研究型大学，怎么建一流本科，那研究生教育到哪儿去了？”②

第二种观点：一流大学必须有一流本科教育。这类观点的持有者主要是官方和重点大学校长。如教育部高教司司长吴岩讲到的那样“没有一流本科就不可能有一流大学”。教育部原副部长林蕙青认为，一流的本科教育是一流大学的重要基础和基本特征。建设一流本科、提高教学质量，是加快推进“世界一流大学和一流学科建设”的迫切需要，是适应新形势、更好地服务国家经济和社会发展的迫切需要，是解决高校自身发展突出问题、实现更高质量高等教育的迫切需要。2018年9月17日，教育部下发《关于加快建设高水平本科教育全面提高人才培养能力的意见》，明确了建设高水平本科教育的总体目标，即

① 以上观点的形成主要源自复旦大学中国研究院张维为教授思想政论节目《这就是中国》、上海对外经贸大学宋彩萍教授2019年政协社情民意《谨防高校思政教育的“四种倾向”》和《中国大学培育民族精神的历史研究》等。

② 本书以下引用的校/院长讲话，主要来源于黄达人等著的《大学的声音》和《大学的根本》。

“经过五年的努力，‘四个回归’全面落实，初步形成高水平的人才培养体系，建成一批立德树人标杆学校，建设一批一流本科专业点，引领带动高校专业建设水平和人才培养能力全面提升，学生学习成效和教师育人能力显著增强；协同育人机制更加健全，现代信息技术与教育教学深度融合，高等学校质量督导评估制度更加完善，大学质量文化建设取得显著成效。到2035年，形成中国特色、世界一流的高水平本科教育，为建设高等教育强国、加快实现教育现代化提供有力支撑。”除2016年6月邱勇校长的发言外，2018年8月29日，清华大学又以“坚守本科教育底色建设中国特色世界一流大学”为题，在教育部网站郑重提出“坚持本科教育在育人体系中的基础性、全局性地位，坚守本科教育底色，体现学校传统和特色，培养一流人才，建设中国特色世界一流大学”。

第三种观点：一流大学应该担负起建设一流本科教育的重任。这一观点看似与上面的官方观点关注的是同类问题，但其各自的内涵还是有很大区别的。潘懋元先生是在提出三个问题的基础上提出这一观点的，即一流大学要不要拥有一流本科教育？能不能建设一流本科教育？如何建设一流本科教育？我们需要联系潘先生的三个问题深入思考这一观点。他非常清楚，就是在美国，一流本科教育并不是世界大学排行榜居于前列的一流大学，而在专门培养本科生的文理学院；他也非常清楚，中国的重点大学一直以来都是以重视科学研究和研究生教育著称的，这是我国长期以来投入体制与评价导向深刻影响的结果。潘懋元先生认为，一流本科教育是一个世界性难题，因为中国的一流大学具有理念先进、师资水平和生源质量较高等优势，所以能够较好地承担建设一流本科教育、培养高级创新型人才这一责任。

第四种观点：一流本科教育可以由不同类型不同层次的高校提供。柳友荣在考察“卓越本科教学评价”对英国130多所大学评价后发现，以传统顶尖的“罗素集团”大学为代表的一流本科教育并没有名列金榜。他还引用美国哥伦比亚大学坎贝尔教授的研究佐证自己的观点，即对九所排名榜表现迥异的587门大学课程进行评价发现，久负盛名的大学的教学质量低于排名不理想的大学。① 杨光钦基于地方高校为社会提供的本科毕业生总量已占全部毕业生总数的80%以上的客观事实，提出“一流本科教育建设并不仅仅是站在高等教育金字塔顶端的数量有限的一流大学的任务，而是所有本科高校共同的职责”“只有包括地方高校在内的所有高校共同肩负起一流本科教育的建设重任，才能解

① 柳友荣．一流本科教育的“是”与“不是”［J］．重庆高教研究，2019（7）：32-34.

决我国高等教育‘大而不强’的突出问题，才能建成具有新时代意义的一流本科教育”。[①] 我们从中可以得出两个重要结论：一流大学不一定必然具备一流的本科教育；如果具备了“精英化的教育理念、优质化的生源、博雅化的课程体系、探究性的教学模式、高层次的师资队伍”，一流本科教育是可以从不同层次和不同类型的高校中脱颖而出的。因而，吴岩司长认为，一流大学更应该重视本科教育，也应该有责任建设更多的一流本科专业。换言之，非一流大学也可以集中力量办大事，采取有所为有所不为的发展战略，着力打造一些有传统优势、有核心竞争力的一流本科专业。

上述观点看似不同，但并无实质性交锋。黄福涛的观点是基于事实的一种结论，第二种观点是基于“教育强国”建设的历史责任提出的，更多体现的是把一流本科教育作为中国高等教育中长期发展的重要任务并提供相对应的制度支撑，第三种观点也是基于事实提出自己的主张，第四种观点也是在本科教育存在不同类型的客观事实的基础上提出的，认为每一种类型的高校都可以产生一流的本科教育。我们可以理解成办好本科教育是绝对的，也应该有一个相对固定的、普适性的评价标准；但一流本科教育却是相对的，是指同类中居于领先地位的本科教育；所有高校把所有的本科专业都办成一流，是不可能也不切实际的，但追求一流本科教育应该成为全国高校的初心与使命，正如教育部成都会议指出的“各类高校都要争创一流本科教育”。

（三）“以学生为中心”本科教学改革的推进问题[②]

始于 20 世纪 80 年代的“以学生为中心”的本科教学改革运动席卷了美国所有高校，教学改革运动成效显著，为美国社会做出了重要贡献：从 1990 年起，外国留学生如潮水般涌向美国大学。其中，1990 年，美国有约 36. 6 万人的外国留学生，2015 年就达到了 97. 5 万人；2000 年，中国赴美留学生 5. 4 万人，2015 年达到 30. 4 万人，15 年间增长近 5 倍，中国留学生已成为美国留学生的主要组成部分。2020 年 3 月 26 日，习近平主席同美国总统就防控疫情通话时，特朗普详细了解中国经验，并认为中国留学生对美国教育事业非常重要，一定会保护好在美中国公民包括中国留学生。可见，“以学生为中心”的教学改革已经为美国获得了巨大的经济利益与社会效益，在深层次主导美国高等教育的

① 杨光钦．地方高校一流本科教育改革的重心［J］．重庆高教研究，2019（4）：93-94.

② 赵炬明．论新三中心：概念与历史［J］．高等工程教育，2016（3）．

国际话语权上发挥着重要作用，因此，中国高校必须正视和重视“以学生为中心”的教育教学改革。

通过文献研究发现，整体上中国“以学生为中心”的理论研究与实践探索还处于比较零散的状态，内容也多以学习借鉴美国经验为主，其中，赵炬明系列研究具有较强的代表性。既然“以学生为中心”的本科教学改革运动始于美国，成效还比较显著，那么，我们可以从中学习到什么？对此，赵炬明认为对中国本科教育教学改革的启示包括科学性、范式和师资培训三个方面，这三个方面需要中国高等教育界特别是在制度设计与相关评估中要给予充分的重视。

一是科学性。美国“以学生为中心”的改革源于整个20世纪学习科学与发展科学的进步，关键是促进学生的学习和发展。学习科学给予教育教学的最大启示是“教”要以学生的“学”为出发点和归宿，发展科学给予教育教学的最大启示是20岁左右是培养理性思维、逻辑思维的关键窗口期，如果教育教学仍然以“传授模式”而非“以学生为中心模式”为主，如果本科生的学习仍然缺乏足够的学业挑战度，那就很难说我们的改革是有科学基础的，更难说我们实施的是“以学生为中心”的教育教学改革。

二是范式。赵炬明为了使中国本科教学改革少走弯路和少折腾，在认真总结美国“以学生为中心”教学改革成败两方面经验的基础上，得出了“SC改革是一场范式变革，需要整个学校的改变来支持这个改革，否则改革很难成功”的结论。赵炬明根据美国SC改革历史和中国高等教育实际，总结出九个方面的认识，它们共同组成了“以学生为中心”改革活动与内涵的结构或范围（见表1–2）。

表1–2　赵炬明对SC模式的主要认识

维度	内涵	主体或相关者
学生	学生要对自己的学习负责，成为主动和自觉的学习者	学生 高校教师 高校管理者
教师	教师在教学上的主要角色根据学生的特点和学习要求设计教学进程、营造学习环境，在学生学习过程中成为设计者、引导者、支持者、辅导者和合作者	教师 学生 高校管理者
教学	倾听学生对教学内容的建议，尊重学生个性和学习方式多样性，允许学生按自己的方式安排学习内容、方式、节奏、过程等	教师 学生 高校教学管理者

续表

维度	内涵	主体或相关者
评估	评估关注学生学习，测量学生学习效果，通过及时反馈，学生可以根据效果及时调整学习	高校教学管理者 学生 教师
学习环境	注重学习环境的营造，使学习环境成为知识中心、反馈中心和合作中心	高校管理者
物理环境	重视信息环境与物理环境建设，为促进学生主动学习和自主学习提供必要条件	高校管理者
管理制度	学校要调整传统管理模式，建立与 SC 改革相匹配的新的管理制度	高校管理者
文化	SC 应成为学校的使命与目标，在全校形成新的学习文化	校领导 全校师生员工
社会环境	政府和社会应当积极支持学校的 SC 改革，建立与之配套的制度与政策，促使高校 SC 改革	高校主管部门

资料来源：根据赵炬明《论新三中心：概念与历史》相关内容整理、补充而成。

九个维度范式指出了“以学生为中心”教育教学改革的方方面面，但背后的实质是价值导向和评估制度。正如潘懋元先生曾指出的那样，虽然教育部门已经强调“双一流”大学的建设应当“以本为本”，许多教育专家也呼吁高等教育的建设应当“回归本科”，但是如果高等教育的评估制度与评估标准不改变，“以本为本”与“回归本科”还很难落实。① 如果高等教育的价值导向没有做根本性改变；如果高校领导的主要精力还是放在学位点和重大科研课题的争取上；如果论文、课题还是教师获得报酬和功利的主要途径，那么，“以学生为中心”就只能是挂靠在墙上、写进制度中、显现在评估时的一个美丽的辞藻。

三是师资培训。大学教师是各领域的专家，绝大多数不了解 SC 模式背后的科学基础或者没有兴趣和动力去学习了解这些科学基础。因此，如果要开展“以学生为中心”的教学改革，国家层面或各地区或高校本身就有必要像美国卡内基学院那样，设立一个超越课堂、专业、学院、高校的地区性或全国性教学改革项目，形成教学研究与推进共同体，政府与高校推出制度引导与绩效评

① 潘懋元．一流本科教育：世界性难题［J］．教育科学，2019（10）：1-2.

价共同体，从而形成“以学生为中心”教学改革广泛的群众基础和政策基础。

（四）跨学科培养人才的问题

2018 年 5 月 28 日，习近平总书记在两院院士大会讲话中高屋建瓴地对世界科技革命和产业变革的形势与发展趋势做了概括与前瞻，他提出了“交叉融合”这个关键词。他指出：“信息、生命、制造、能源、空间、海洋等的原创突破为前沿技术、颠覆性技术提供了更多创新源泉，学科之间、科学和技术之间、技术之间、自然科学和人文社会科学之间日益呈现交叉融合趋势，科学技术从来没有像今天这样深刻影响着国家前途命运，从来没有像今天这样深刻影响着人民生活福祉。”学科交叉融合作为科学技术发展的趋势，需要高等学校对交叉学科人才培养高度重视，这是因为只具备单一学科背景的人才，现在和未来已难以适应学科交叉融合的趋势，更难以在这样的背景下发挥引领作用。

卢晓东曾经对 20 世纪获得诺贝尔自然科学奖的 466 位科学家进行研究，发现其中的 41.63%具有学科交叉背景。他又根据科学交叉融合的趋势，得出“一流本科教育不可忽视跨学科人才的培养”的研究结论，进而认为注重培养交叉学科人才是一流本科教育的重要元素之一。他还对斯坦福大学“计算机科学”（Computer Science，CS）专业内涵拓展进行了相关研究。

斯坦福大学“计算机科学+”本科专业体系

“计算机科学+语言学”（CS + Linguistics）
“计算机科学+哲学”（CS + Philosophy）
“计算机科学+音乐”（CS + Music）
“计算机科学+英语”（CS+ English）
“计算机科学+法语”（CS+ French）
“计算机科学+德意志研究”（CS+ German Studies）
“计算机科学+历史”（CS + History）
“计算机科学+意大利语”（CS + Italian）
“计算机科学+斯拉夫语言和文学”（CS+ Slavic Languages and Literature）
“计算机科学+古典学”（CS + Classics）

根据王洪才、李湘萍和卢晓东等的研究可知，“计算机科学 +”的本科专业毕业生获得的学位既非美国常见的“文学士”，也非“理学士”，而是具有跨学科特点的“文理学士”（Bachelor of Arts and Sciences）。这些“计算机科学 +”专业的毕业生，其知识结构特征就是技术科学与人文社会科学的交叉融合，这样的交叉人才在未来专业领域的竞争力与胜任力应该是有很好的预期的。[①]

中国高校特别是国家双一流高校也开始了积极探索跨学科人才培养的实践。如 2007 年成立的北京大学元培学院就是源于 2001 年“元培计划实验班”，以“古生物”“政治学、经济学与哲学”“外国语言和外国历史”“整合学科”“数据科学与大数据技术”五个跨学科本科专业为具体实施战略，承担着新时期中国高等教育体制改革重任，培养学术视野宽阔、基础扎实、具备创新型思维的高质量本科人才的。又如清华大学通过“清华学堂人才培养计划”（2009 年推出，以下简称“学堂计划”）和新雅书院培养跨学科人才。“学堂计划”首批聚焦数学、物理学、化学、生命科学、计算机科学和力学等基础学科领域，每年动态选拔约 150 名有志于攀登世界科学高峰的优秀本科生，配备一流师资力量，营造浓厚学术氛围，创造良好成才环境，激励优秀学生潜心学术发展，争当拔尖创新人才成长征程上的“领跑者”。2017 年，世界文学与文化实验班也加入“学堂计划”，学校尝试在文科领域探索拔尖创新人才培养模式改革。2014 年成立、2016 年开始招生的新雅书院，创新并特设了“住宿制文理学院”（Residential Liberal Arts College）。书院以“古今贯通、中西融汇、文理渗透”为宗旨，以“欲求超胜，必先会通”为导向，培养志向远大、文理兼修、能力突出、开拓创新的精英人才。学院设置两个跨学科本科专业，即创意设计与智能工程、政治经济与哲学。如政治经济与哲学专业的学生需要学习数理基础与人文社会通识课程，学习政治学、经济学、哲学三个学科内最核心、最根本的理论和方法。这种学习不是通过堆砌叠加三个学科现有的课程来机械地进行，而是通过高强度、高质量的课程来培养学生的问题意识和分析判断的能力。

国家双一流高校跨学科人才培养专业的设立及机制体制的突破，取得了很好的示范效应，也代表了中国一流本科教育发展的新方向。上海纽约大学、深圳北理莫斯科大学等一批中外合作大学的专业内涵，从一开始就注入了很强的跨学科元素，非常值得学习借鉴。如在上海纽约大学完成世界史（社会科学）

① 王洪才，李湘萍，卢晓东等．“推进一流本科教育，提高人才培养质量”的理念、路径与方法（笔谈）［J］．重庆高教研究，2019（1）：28.

专业的学生，可从事人类学、商学、发展、经济学、教育、环境研究、法律、心理学、政治学、公共卫生、公共服务、社会学和社会政策等各领域的职业以及深入研究；深圳北理莫斯科大学应用数学专业，集计算数学、应用数学和信息学于一体，学生可广泛参与物理、化学、生物和工程领域的数学建模问题；但中国高校要实现像张大良提出的“通过跨学科、跨专业、跨院系、跨学校、跨国度、跨文化来培养人才”的目标，还受限于许多内外部机制体制的约束，特别是对于地方高校来说，仍然面临着观念层面的巨大困难与挑战，需要通过高校深化综合改革破解这些发展中的难题。

第二章
应用理论研究

本章选择的文化素质教育理论、“以学生为中心”理论、个性化教育理论、NSSE 理论等虽然很少甚至没有出现“一流本科教育”的字眼，但它们所孕育的内涵就是对一流本科教育的思索，所开展的探索就是想培养一流本科人才。这些理论不属于基础理论，但却汲取了古今中外教育学基础理论的诸多精华与养分，因为其有效地指导了实践，也为开展一流本科教育提供了基本的思考范畴，所以我们认为其属于一流本科教育的经典应用理论。

第一节　文化素质教育理论

文化素质教育是 20 世纪 90 年代发生在中国高等教育界的一种理论与实践的本土化创新，是即将进入 21 世纪之际对一流本科人才培养的前瞻思考，是针对高等专门人才培养普遍存在的重理工轻人文、重专业轻基础、重书本轻实践、重共性轻个性、重功利轻素质“五重五轻”现象进行的一场伟大的思想变革与行动。因为源于自由教育的通识教育在世界范围内影响甚广，文化素质教育与通识教育又有许多相同之处，故教育界很多人习惯把文化素质教育视为“中国式的通识教育”。

《关于加强大学生文化素质教育的若干意见》（教高〔1998〕2 号）指出，“加强文化素质教育，对于促进教育思想和教育观念的转变，推动高等学校人才培养模式、课程体系和教学内容的改革，培养适应 21 世纪需要的高质量人才具有重要意义”。文化素质教育是中国高等学校全面实施素质教育的切入点和突破口，对当时乃至今天的中国高等教育仍产生着广泛而深远的影响。

一、文化素质教育理论的源起

“加强文化素质教育”这一教育思想的提出，是高等教育人才培养“为适应我国社会经济发展而进行的教育思想和人才培养模式的重大改革”。①

中国共产党第十四次代表大会（1992年10月）《加快改革开放和现代化建设步伐，夺取有中国特色社会主义事业的更大胜利》报告中指出：“我国近代的历史和当今世界的现实都清楚地表明，经济落后就会非常被动，就会受制于人。当前国际竞争的实质是以经济和科技实力为基础的综合国力较量。”会议明确了“建立和完善社会主义市场经济”经济体制改革的目标模式，并围绕“加速改革开放，推动经济发展和社会全面进步”提出十个方面关系全局的主要任务，其中第四项任务就是“加速科技发展，大力发展教育，充分发挥知识分子的作用”“我们必须把教育摆在优先发展的战略地位，努力提高全民族的思想道德和科学文化水平，这是实现我国现代化的根本大计”“促进教育同经济、科技的密切结合”。1993年2月，中共中央　国务院印发《中国教育改革和发展规划纲要》，明确指出新形势下教育工作的任务是“遵循党的十四大精神，以建设有中国特色的社会主义理论为指导，坚持党的基本路线，全面贯彻教育方针，面向现代化，面向世界，面向未来，加快教育的改革和发展，进一步提高劳动者素质，培养大批人才，建立适应社会主义市场经济体制和政治、科技体制改革需要的教育体制，更好地为社会主义现代化建设服务”。1995年5月，中共中央　国务院印发《关于加速科学技术进步的决定》，之后不久，全国科技大会召开，在全国掀起了实施科教兴国战略的热潮。以上这些，都成为思考中国21世纪高等教育高质量人才培养的根本遵循。

为适应国家改革开放、现代化建设、科教兴国战略的迫切需求，面对计划经济体制下形成的人才培养模式存在的诸多弊端，以杨叔子、周远清、季羡林、张岂之、袁行霈、叶朗、顾明远、涂又光、文辅相、王义遒、胡显章、刘献君、张楚廷等为首的一批学者与官员，主动担当起中国高等教育改革的重任，着力倡导文化素质教育，以“提高大学生文化素质教育”为重要思考，以“培养高

① 余东升．高等学校文化素质教育研究［M］．北京：高等教育出版社，2009：4.

质量人才”为根本追求，率先开始了中国21世纪教育教学改革的重大探索。[①] 1995年初，国家教委下发《关于开展大学生文化素质教育试点工作的通知》，成立“加强高等学校文化素质教育试点工作协作组”，有计划、有组织地在52所高校开展文化素质教育试点工作。1995年9月，国家教委在华中理工大学召开加强文化素质教育试点工作研讨会。1998年，教育部高教司印发《关于加强大学生文化素质教育的若干意见》（教高〔1998〕2号），对1995年以来开展的文化素质教育工作给予充分肯定：“两年多来，先后召开了多次加强文化素质教育工作的专题研讨会、报告会和经验交流会。各试点高校做了大量的工作，采取多种途径和方法进行探索，取得显著成绩，积累了不少经验，在高校和社会上引起强烈反响。”1999年1月，教育部批准在53所高校建设32个国家大学生文化素质教育基地。[②] 1999年6月13日，中共中央　国务院发布《关于深化教育改革，全面推进素质教育的决定》，指出“实施素质教育应当贯穿于幼儿教育、中小学教育、职业教育、成人教育、高等教育等各级各类教育，应当贯穿于学校教育、家庭教育和社会教育等各个方面”，“高等教育要重视培养大学生的创新能力、实践能力和创业精神，普遍提高大学生的人文素养和科学素养。”2000年6月，教育部高教司印发《国家大学生文化素质教育基地建设的实施意见》（以下简称《实施意见》），标志着文化素质教育进入了一个规范化、制度化的发展阶段。《实施意见》从文化素质教育的重要意义和指导思想、任务和目标、组织机构与条件建设、基地建设工作中的几个关系的处理、评估与验收五个方面，对国家文化素质教育基地建设指明了发展方向。由此，文化素质教育工作进入“深入和发展阶段”或“提高与普及阶段”。[③④]

知识窗：国家大学生文化素质教育基地（第一批）

①北京大学；②清华大学；③中国人民大学、北京理工大学；④北京师范大学、北方交通大学；⑤南开大学；⑥天津大学；⑦山西大学；⑧内蒙古大学、内蒙古工业大学、内蒙古农牧学院；⑨东北大学、沈阳音乐学

---

① 1995年11月，时任国家教委副主任的周远清在华中理工大学召开的加强高校文化素质教育试点工作研讨会上，以《加强文化素质教育 提高高等教育质量》为题作了主旨发言。

②③ 索海军，左丰力．二十年来文化素质教育理念发展综述［J］．中国大学教学，2015（7）：29.

④ 余东升．高等学校文化素质教育研究［M］．北京：高等教育出版社，2009：50-62.

院、鲁迅美术学院；⑩大连理工大学；⑪吉林大学；⑫哈尔滨工业大学；⑬复旦大学；⑭上海交通大学；⑮上海中医药大学；⑯南京大学；⑰东南大学；⑱南京农业大学、南京林业大学；⑲中国科技大学、安徽大学；⑳浙江大学；㉑山东大学；㉒郑州大学；㉓武汉大学；㉔华中科技大学；㉕中南大学、湖南大学、湖南师范大学；㉖中山大学；㉗华南理工大学、暨南大学、华南师范大学、广东工业大学、广东民族学院、华南农业大学；㉘四川大学、西南交通大学；㉙西南财经大学；㉚西南师范大学、重庆大学、西南农业大学、西南政法大学、重庆医科大学；㉛西安交通大学；㉜西北大学、西北工业大学

——教高〔1999〕1号

注：共32个基地，53所高校。

知识窗：国家大学生文化素质教育基地（第二批）

①北京科技大学；②北京邮电大学；③北京化工大学；④中国农业大学；⑤北京林业大学；⑥北京外国语大学；⑦中央财经大学；⑧中国政法大学；⑨北京航空航天大学；⑩北京工业大学、北方工业大学、中国青年政治学院（联合）；⑪中国传媒大学；⑫天津师范大学、天津医科大学、天津工业大学（联合）；⑬河北大学；⑭中北大学、太原师范学院、太原科技大学（联合）；⑮内蒙古师范大学；⑯辽宁大学；⑰大连大学；⑱东北师范大学；⑲延边大学；⑳长春工业大学、长春理工大学、吉林农业大学、长春中医药大学、长春税务学院、吉林师范大学、东北电力大学、北华大学（联合）；㉑哈尔滨工程大学；㉒同济大学；㉓东华大学；㉔华东师范大学；㉕上海财经大学；㉖上海大学；㉗河海大学、南京航空航天大学、南京师范大学、南京医科大学（联合）；㉘江南大学；㉙南京理工大学；㉚苏州大学、苏州科技学院、苏州经贸职业技术学院、苏州职业大学（联合）；㉛宁波大学；㉜合肥工业大学；㉝安庆师范学院；㉞厦门大学；㉟华侨大学；㊱江西师范大学、南昌大学、江西财经大学、江西农业大学、华东交通大学（联合）；㊲青岛大学；㊳河南大学；㊴武汉理工大学；㊵华中师范大学；㊶湖北大学；㊷湘潭大学、湖南科技大学、湖南工程学院

（联合）；㊸湖南文理学院；㊹深圳大学；㊺广东外语外贸大学、广州中医药大学、广东商学院、广东药学院、星海音乐学院、广州美术学院、广州大学；㊻文本大学；㊼文本师范大学、桂林科技电子大学、桂林工学院、桂林医学院；㊽海南大学；㊾重庆工商大学、重庆邮电大学、重庆交通大学、重庆教育学院（联合）；㊿电子科技大学；51四川师范大学、成都理工大学、西南石油大学、四川音乐学院（联合）；52贵州大学；53云南大学；54陕西师范大学、长安大学（联合）；55西安电子科技大学；56延安大学；57兰州大学；58青海民族学院；59宁夏大学；60石河子大学；61新疆师范大学、新疆大学、新疆农业大学（联合）

——余东升《高等学校文化素质教育研究》

注：共61个基地，104所高校。

二、文化素质教育理论内涵

纵览20世纪90年代以来的关于“文化素质教育”的相关研究成果与实践探索，本书认为文化素质教育理论内涵主要有人文教育、人文教育与科学教育相融合、“三提高”三个方面。

（一）人文教育是核心内容

人文教育主要是指人文精神和人文知识的教育，或文、史、哲、艺术等学科以及中外优秀文化的教育。[①][②] 文化素质教育把人文教育作为核心，有其现实需要和学理基础。

党的十九大报告《决胜全面建成小康社会 夺取新时代中国特色社会主义伟大胜利》关于“过去五年的工作和历史性变革”部分从七个方面总结“面临的

① 张晋峰．建立“人文教育与科学教育相融合”的教育理念 推进对大学生人文素质教育的开展．论文化素质教育［M］．北京：高等教育出版社，2004：507-510.

② 余东升．高等学校文化素质教育研究［M］．北京：高等教育出版社，2009：24.

问题和挑战”，其中之一就是“社会文明水平尚需提高”。① 社会文明水平包括物质文明水平和精神文明水平两个方面，但习近平总书记在这里讲到的社会文明水平重在强调精神文明水平也即中国人的文明水平，这是一个国家软实力的重要表征。20 世纪 90 年代，季羡林先生在对当时大学生“奋发向上”的现象给予充分肯定的同时，也从信仰危机、价值观念空虚、道德水平下降等十个方面提出了自己的担忧，这些问题直指中国大学人文教育的缺失与不到位，这些现象也极大地影响到社会文明水平，所以他疾呼“抓精神文明建设，抓学生的人文素质教育，迫在眉睫”。② 20 多年过去了，我们可以看到，季羡林先生提出的问题有些得到部分缓减，但效果并不是特别明显，根本问题并没有得到实质性解决，新的更复杂的问题却在不断出现。因此，持续加强人文教育仍然是实现教育现代化的中国高等教育面临的一项重要而紧迫的任务。

张晋峰在《建立“人文教育与科学教育相融合”的教育理念 推进对大学生人文素质教育的开展》一文中认为，人文教育在吸收外来优秀文化的同时，必然会反映各国文化特色，体现不同的意识形态和价值观念。③ 在 20 世纪与 21 世纪新旧世纪之交的时期，杨叔子曾经从七个方面论述了人文教育在文化素质教育或教育中的重大意义。在杨叔子看来，一个不爱国、没有骨气的民族，虽有犹亡，所以他疾呼“人文教育关系到民族的存亡”；国力主要包括经济实力、军事实力和民族凝聚力，民族兴，则国家兴，民族凝聚力取决于对人文文化的认同，所以他疾呼“人文教育关系到国家的兴衰”；社会的发展包括物质文明与精神文明的发展，两者缺一不可，所以他疾呼“人文教育关系到社会的进退”；人格是高尚、尊严还是低下、鄙耻，是人文教育的内核，“人而无耻，胡不遄死?”“人而无信，不知其可也。”所以他认为，“人文教育关系到人格的高低”；人的大脑有左右之分，教育不能厚此薄彼，所以他认为，“人文教育关系到思维的智愚”；同时，杨先生还认为，“人文教育关系到言行的文野”“人文教育关系到事业的成败”。人的言行是文明还是野蛮，是高雅还是下流，是杨叔

① 七个方面的问题与挑战，即发展不平衡不充分的一些突出问题尚未解决，发展质量和效益还不高，创新能力不够强，实体经济水平有待提高，生态环境保护任重道远；民生领域还有不少短板，脱贫攻坚任务艰巨，城乡区域发展和收入分配差距依然较大，群众在就业、教育、医疗、居住、养老等方面面临不少难题；社会文明水平尚需提高；社会矛盾和问题交织叠加，全面依法治国任务依然繁重，国家治理体系治理能力有待加强；意识形态领域斗争依然复杂，国家安全面临新情况；一些改革部署和重大政策措施需要进一步落实；党的建设方面还存在不少薄弱环节。

② 季羡林．提高高校学校人文素质的必要性与可能［M］．北京：高等教育出版社，1996.

③ 周远清，阎志坚．论文化素质教育［M］．北京：高等教育出版社，2004：507-510.

子在教育生涯中经常思考的一个问题，他本人就是一个动于衷、形于外、表里如一的文明典范，曾经用自己的言行感化过身边的许多人。同时，他也通过自己的言传身教，让很多青年学子感悟到非智力因素即人文精神在一个人事业道路追求过程中的重要作用。①

权威声音

没有先进科学，没有现代技术，一个国家、一个民族，一打就垮，永远受制于人，痛苦受人宰割；然而，没有优秀民族传统，没有民族人文精神，一个国家、一个民族，就不打自垮，自甘受制于人，自愿受人宰割。

——杨叔子（1999）

学校是立德树人的地方。爱国主义是中华民族的民族心、民族魂，培养社会主义建设者和接班人，首先要培养学生的爱国情怀。

——习近平（2019）

人文教育作为文化素质教育的核心这一理论经过许多学者的研究，内涵不断得到丰富和发展。如文辅相先生在《文化素质教育应确立全人教育理论》中认为：中国有着悠久的重文化、重修养的人文传统，中国乃至世界范围内淡化人文传统与削弱人文教育的现象，加剧了社会精神文明与物质文明发展的不协调，严重影响了高层次人才的培养质量。② 张岂之认为，大学的先导性体现在其培养出了具有比较深厚的人文素质和健全人格的优秀人才，在于具有高品位文化并在社会塑造了使人信得过的美好形象。③ 叶朗认为，必须改变“重科技、轻人文”的教育观念和教育模式，德育和美育都属于人文教养范畴，都作用于人的精神世界，作用于人的心灵，都引导青少年去追求人生的意义和价值。④王义遒提出“在专业课程教学中渗透人文精神”的观点，刘献君则提出“结合专业教学进行人文教育”的八个环节，即起于知识、启迪精神、渗透美育、行为互动、营造氛围、以悟导悟、以人为本、止于境界。杨叔子认为，中华民族

① 杨叔子．杨叔子教育雏论选［M］．武汉：华中科技大学出版社，2013：183-190.

② 文辅相．文化素质教育应确立全人教育理念［J］．高等教育研究，2002（1）.

③ 张岂之．大学文化素质教育与教育的先导性［J］．中国高教研究，2003（4）.

④ 叶朗．谈谈人文教养与人文学科［J］．教学与教材研究，1993（3）.

文化具有“推陈出新”“实事求是”“顺天致性”“和而不同”等深刻哲理和丰富内涵，在文化素质教育中加强中华优秀传统文化教育，有利于培养具有创新能力的高素质人才。①

（二）人文教育与科学教育相融合是关键举措

张楚廷认为，人文教育与科学教育融合即文理渗透是最容易理解的，因为每个人都要与他人打交道，与社会打交道，所以要懂“文”；每个人都要与自然打交道，与物打交道，所以要懂“理”。因此，只有文理贯通的人才能有很好的知识结构、思维结构、价值观念结构。文理渗透是一流本科人才培养的必要条件，高等学校只有形成一种文理渗透的文化自觉，才能培养出卓越的本科人才。②

中国现代大学普遍接受了西方大学重视通识教育的做法，普遍认为“无会通，不足以治学，学不治，也就难以成人、成国”。③ 1934 年蔡元培在《我在北京大学的经历》中回顾其主持北大校政工作时写到：“那时候我又有一个理想，以为文理是不能分科的。例如文科的哲学，必植根于自然科学；而理科学者最后的假定，亦往往牵涉哲学。从前心理学附入哲学，而现在用实验法，应列入理科；教育学与美学，也渐用实验法，有同一趋势。地理学的人文方面，应属文科，而地质地文等方面属理科。历史学自有史以来，属文科，而推原于地质学的冰期与宇宙生成论，则属于理科。”④ 梅贻琦在任清华大学校长十周年之际发表的《大学一解》则是那一时代科学教育与人文教育融合即文理渗透教育理念的经典之作。⑤

权威声音

窃以为大学期内，通专虽应兼顾，而重心所寄，应在通而不在专，换言之，即须一反目前重视专科之倾向，方足以语于新民之效。夫社会生活

---

① 杨叔子．民族文化教育　自主创新道路［J］．中国高教研究，2006（10）．

② 张楚廷．文理渗透与教学改革［J］．高等教育研究，1998（5）．

③ 宋彩萍．中国大学培育民族精神的历史研究［M］．青岛：中国海洋大学出版社，2008：178．

④ 宋彩萍．中国大学培育民族精神的历史研究［M］．青岛：中国海洋大学出版社，2008：172-173．

⑤《大学一解》一文是梅贻琦校长主持西南联大常务工作期间，熬了一夜写出的要点，并由清华教务长潘光旦先生代拟的文。文章观点犀利，语言练达。

大于社会事业，事业不过为人生之一部分，其足以辅翼人生，推进人生，固为事实，然不能谓全部人生寄寓于事业也。通识，一般生活之准备也，专识，特种事业之准备也，通识之用，不止润身而已，亦所以通于人也，信如此论，则通识为本，而专识为末，社会所需要者，通才为大，而专家次之，以无通才为基础之专家临民，其结果不为新民，而为扰民。

——梅贻琦（1941）

杨叔子认为，科学是求真求是的知识体系和认识体系，而人文是求善求美的知识体系、认识体系、价值体系和伦理体系，科学与人文是一个人实现高度完美的双翼，也是一个国家、一个民族实现繁荣富强的双翼。“人为地将科学教育与人文教育加以割裂，严重地妨碍、制约、摧残乃至扼杀人的本性、人的潜力与全面发展。”[①] 2002年，周远清在《树立新的教育理念 推进科学教育与人文教育的融合》一文中指出“人文教育和科学教育分离是我国教育思想和教育实践上的一个顽症”，提出“高中不再文理分科对培养人才特别是对我国培养高层次高素质人才是一个有力的措施”。[②] 张楚廷则根据学科发展已经形成庞大体系的客观现实，对文理渗透进行了技术层面的解决方案：一是“在课程体系的改革中将文理渗透作为一项基本要求”，二是“在教学内容的改革中将文理渗透作为一项基本要求”，三是通过学校领导层、教师群体的观念体系、信仰体系、价值体系业已形成的整体效应的人文环境，即“隐性课程”去实现。[③] 刘献君在《科学与人文相融——论结合专业教学进行人文教育》一文中提出“实现人文教育和科学教育的融合，需要从多方面入手，专业教师结合专业课教学进行人文教育是其中重要的方面”的观点，并从实践中总结出专业教学“起于知识、启迪精神、渗透美育、行为互动、营造氛围、以悟导悟、以人为本、止于境界”的八种进行人文教育的方式。[④]

① 杨叔子．科学人文相融　爱国创新与共——再论让中华诗词大步走进大学校园［J］．中华诗词，1999（6）．

② 周远清，阎志坚．论文化素质教育［M］．北京：高等教育出版社，2004：475.

③ 张楚廷．文理渗透与教学改革［J］．高等教育研究，1998（5）．

④ 周远清，阎志坚．论文化素质教育［M］．北京：高等教育出版社，2004：478-487.

（三）"三提高"是主要目标

"三提高"具体指提高高等学校的文化品位，提高广大教师的文化素养，提高大学生文化素质。①② 综上所述，"三提高"是文化素质教育经过三年试点工作后，32 个国家大学生文化素质基地规范化、制度化发展的目标。

胡显章在《提高认识 转变观念 努力加强大学生的文化素质教育》一文中讲到，改革开放前期，打开国门看世界对当时年青人的内心冲击是十分巨大的。一方面，发达国家的经济实力与科技产品，让年轻人大开眼界，形成了一种比较强烈的向往西方国家的现象；另一方面，由于普遍缺乏民族优秀传统文化教育，面对西方国家优越的生活条件、自由的生活方式，面对国内还比较匮乏的物质生活条件，年轻人中确实出现了比较严重的崇尚西方文明、民族自信心失落与国家民族意识淡漠的现象。③ 教育领域面临的任务十分艰巨，怎么像韩国、日本那样，培养年轻人服务人民、奉献国家的爱国主义教育，就成为摆在教育界的一项重大课题。一些有识之士提出，通过加强文化素质教育，特别是强调文化素质教育中的人文教育，进而提高大学生的文化素质，是解决这一问题的根本所在。

权威声音

由于种种原因使我们的一些教师除专业面狭窄、知识结构不合理外，还有如人文素养不高等更重要方面的不足，这势必影响教育改革的进程，影响教育思想和人才培养模式的改革，影响高质量高素质人才的培养。不全面的基础教育，过窄的专业教育，过弱的人文教育，对口的专业教育，凡此种种都使得我们培养出来的学生，包括而今成为大学教师的群体带有先天的不足，甚至涉及顶尖人才缺乏、原创性成果较少等方面的问题，究其教育的原因可能也在于此。

——周远清（2003）

大学本身应成为学生的一本"教科书"，成为由学校品位写成的特殊

① 周远清．从"三注"到"三提高"［J］．教学与教材研究，1999（2）．
② 国家大学生文化素质教育基地建设的实施意见（教高司〔2000〕36 号）。
③ 周远清，阎志坚．论文化素质教育［M］．北京：高等教育出版社，2004：46-55.

教材。学校与学校的差别，很难从学生手上拿着的那一本本教材来区分，在很大程度上是由学校品位撰写出来的那部“教科书”的质量来加以区别的。

学校品位实际上对教育质量有决定性影响，我们把它描述为一部特殊的“教科书”。

——张楚廷（2001）

周远清在《从“三注”到“三提高”——关于高校人才培养中教育思想观念的探讨》中论述了大学品位、大学教师文化素养与大学生文化素质的相辅相成、相互促进的关系。他认为，大学的文化格调与品位是由办学方向、学术氛围、学术水平、管理水平和学风等聚合而成的，一所大学的品位与格调高不高，潜移默化地影响着高质量人才的培养，也就是我们今天所说的一流人才需要有一流的培养环境。同时，“教师在人才培养中占主导地位”，教师对学生的影响是最为直接的，一个教师的素质与水平不仅取决于他的学历学位、学术水平，而且也取决于他的严谨治学、认真执教、乐于奉献、尽职尽责的精神和品格，即文化素养。当时明确提出提高大学教师文化素养，主要基于以下思考：一是在学科专业教育分工很细而成长起来的大学教师，文史哲以及艺术教育的功底普遍比较薄弱，极大地限制了教师在专业教育中渗透人文教育；二是一些专业性高校普遍缺乏人文艺术方面的教师，在推进文化素质教育过程中遇到不少困难；三是人文素养的提高是一个持续的过程，也有继续教育的问题，这主要是针对从事人文素养教育但人文素养却一般或人文素养比较高的教师而言的。张岂之提出，大学教师要“通过自修的方式，使人文素养不断提高”“提高教师的人文素养，最好从自己的专业出发，读一些由著名科学家写成的人文与科学精神紧密结合的文章，作为向导，促使思考”。[①] 因此，要加强大学生的文化素质，教师必先具有较高的文化素养，大学必须重视与不断提高自身的文化品位与格调。

---

① 张岂之．大学教师与人文素养［A］//周远清，阎志坚．论文化素质教育［M］．北京：高等教育出版社，2004：304-311.

第二节　以学生为中心理论

高等教育领域的以学生为中心（Student-Centerdness，以下简称 SC 模式）理论主要是为了适应社会发展、针对传统教学模式存在问题并在科学进步基础上建构起来的一种本科生教育教学理论。欧美传统教学模式叫传授范式（Instruction Paradigm）或传授主义（Instructionism），类似于中国以教材为中心、以教师为中心、以教室为中心的“三中心模式”。赵炬明研究并向国内介绍了美国高等教育“以学生为中心”理论。国内其他相关理论研究大多限于用“以学生为中心”理论指导课程和教学改革实践以及重要意义方面，比较成系统、且有较大影响的研究当属 2012 年中国高等教育学会院校研究会在武汉召开的“院校研究：以学生为中心的本科教学改革”国际学术研讨会、《中国大学教学》“一流本科教育”专栏的相关研究成果，以及刘献君、季波等[①]的相关研究。

“以学生为中心”之所以成为一流本科教育理论，我们认为主要在于其“提出了新的教学范式，提高了学生的学习能力，促进了学生的发展，改善了美国的本科教育，为美国社会发展做出了贡献，并使美国成为很多国家本科教育改革的榜样”。[②] 因此，中国高校在建设教育强国的征途上，如果开展类似的本科教育教学改革，了解、研究并借鉴美国 SC 理论研究中的经验乃至教训是必要的，关注、总结并推广扎根中国大地的业已开展的“以学生为中心”的创新性探索更有必要。

---

① 刘献君的《个性化教育论》（华中科技大学出版社）和《论“以学生为中心”》（《高等教育研究》2012 年第 8 期）、别敦荣的《一流本科教育要服务于学生的终身发展》（《终身教育研究》2019 年第 2 期），以及闫光才的《大学本科的教与学：理论与经验、理念与证据》（《华东师范大学学报（教育科学版）》，2019 年第 6 期）。

② 赵炬明．论新三中心：概念与历史——美国 SC 本科教学改革研究之一［J］．高等工程教育研究，2016（3）．

一、以学生为中心理论的源起

1952年，卡尔·罗杰斯①首先提出了“以学生为中心”的观点。20世纪中期，美国学者提出了“以学生为中心”的本科教育理念，引发了美国本科教育的一系列重大变革，也给世界各国高等教育带来了巨大影响。1998年，联合国教科文组织在世界首届高等教育大会宣言《21世纪的高等教育：展望与行动》②中提出“高等教育需要转向‘以学生为中心’的新视角和新模式”，要求国际高等教育决策者把学生及其需要作为关注的重点，把学生视为教育改革的主要参与者，并预言“以学生为中心”的新理念必将对21世纪整个世界的高等教育产生深远的影响。

通过对在中国知网以“以学生为中心”为主题检索到的106篇（截至2019年12月）文章及其核心引文的具体分析，我们认为赵炬明发表在《高等工程教育研究》上的美国SC本科教学改革系列研究是美国“以学生为中心”理论研究的集大成者。赵炬明这组文章立足于中国需求看美国实践，其理论研究的价值不仅在于其介绍的客观性、全面性和系统性，还在于其更具有启发性、建构性和开拓性，借用库恩在《科学革命的结构》中提到的科学“范式”的概念，我们认为赵炬明立足于中国需求，梳理和总结美国SC改革与实践经验，是以学生为中心的改革范式的研究典范。

赵炬明的系列文章被华中科技大学教师教学发展中心编制成学习资料汇编“以学生为中心课程改革骨干教师培训班”，作为学员的必读书目。厦门大学教育科学研究院也把本系列研究列为博士生的必读书目，上海对外经贸大学高等教育研究所2019年主题教育理论业务学习期间也把其作为必读文献。

美国SC理论基础肇始于20世纪初以来的认知心理学、发展心理学、学习心理学、教育心理学、脑科学与神经科学等学派研究成果，后来得到不断丰富与发展，代表性或里程碑成果有《学会生存》（1972）、《教与学：高等教育新方法和新资源导引》（1976）、《中学后教育方法和技术汇编》（1980）、《国家

---

① 卡尔·罗杰斯（Carl Ranson Rogers，1902-1987）系美国心理学家，是人本主义心理学的主要代表人物之一，主要从事心理咨询和治疗的实践与研究工作，并因“以当事人为中心”的心理治疗方法而驰名。1947年当选为美国心理学会主席，1956年获美国心理学会颁发的杰出科学贡献奖。

② UNESCO. Higher Education in the Twenty-First Century Vision and Action [R]. World Conference on Higher Education，Paris，1998.

在危机中》(1983)、《投入学习》(1984)、《学院课程完整性》(1985)、《美国的本科生教育》(1987)、《教学、学习、课程与教师发展的关键资源》(1987)、《大学教师学术职责再思考》(1990)、《学校如何影响学生》(共两卷)(1991, 2005)、《学习:内在的财富》(1996)、《人是如何学习的:大脑、心理、经验和学校》(1998)、《学生投入》(1999)[1] 等文献,从而为美国 SC 改革奠定了浓郁的社会文化与制度氛围。其中,《人是如何学习的:大脑、心理、经验和学校》的重要贡献在于"首次系统总结了当时所有学习研究领域的进步,并探讨了它们对教学改革的意义;首次把脑科学、心理学、教师经验、学校环境作为一个整体,从脑科学、学习科学、实践智慧、学习环境四个角度思考教学问题,以矫正过去四者相互脱节的状况"。[2]

知识窗:优秀本科教学七原则

(1)鼓励师生间的接触。

(2)鼓励学生间的交流与合作。

(3)鼓励学生主动学习。

---

① 其中,联合国教科文组织(UNESCO)发表的著名报告《学会生存》,主旨是倡导终身学习,学会学习,建立"学习型社会";UNESCO 1976 年出版的《教与学:高等教育新方法和新资源导引》,认为高等教育的扩张给传统大学教学模式和教学方法带来了危机,主要问题是不能满足学生多样化的学习需要;UNESCO 1980 年出版的《中学后教育方法和技术汇编》,汇总了 1970 年以来大学教学法的发展情况,认为新媒体教学法对促进学生主动学习与自主学习有重大意义;美国教育部 1983 年发表的报告《国家在危机中》提出了一个振聋发聩的观点,"如果非友好国家企图把当前这种平庸教育强加于我们,我们会把这看成战争行为。然而现实是,我们自己却让它在这里发生了"。该报告从五个方面提出了政策建议:在教学内容上,要求设置基础核心课程;在教育标准和教育目标上,倡导"学校、学院和大学对学生的学习成绩和行为表现实施更加严格、更易衡量的标准以及提出更高的学习要求,四年制的学院及大学则应提高学生的入学要求";在教学时间上,提出应延长在校的时间和每学年的时间,让学生投入更多的时间学习新的基础科目;在师资建设上,强调提高预备教师的质量,实行教师教育的高标准,使教育工作成为更有意义、更受人尊敬的职业;在领导与财政资助上,重视建立各级问责制,公民应积极提供经费支持,以保证教育改革的顺利进行。美国国家教育研究所 1984 年撰写的报告《投入学习》,分析了美国高等教育大扩张后,美国高校发生的变化及由此引发的质量问题。提出鼓励学生对自己的学习和发展负责、教师要改变传统教学模式和激励学生投入学习、学校要为教师创造可能更好帮助学生聚焦学习的条件等建议;美国学院与大学协会 1985 年发表的研究报告《学院课程完整性》,针对高等教育大扩张后本科课程在系统性、一致性、严格性、完整性存在的下降趋势表示极大担忧。

② 赵炬明. 论新三中心:概念与历史——美国 SC 本科教学改革研究之一 [J]. 高等工程教育研究,2016 (3).

(4) 给学生及时的反馈。
(5) 强调学生必须刻苦学习。
(6) 寄予学生较高的期望。
(7) 尊重学生多种多样的才能及学习方法。

——乔治梅森大学齐格林《学院课程完整性》(1987)

知识窗：本科生的九种能力

(1) 探究、抽象思维与审辨思维能力。
(2) 听说读写能力。
(3) 理解和处理数据能力。
(4) 历史意识。
(5) 科学。
(6) 价值。
(7) 艺术。
(8) 国际与多文化经验。
(9) 深度学习能力。

——美国学院与大学协会《学院课程完整性》(1985)

美国以学生为中心的大规模的系统实践则归功于舒尔曼领导的卡内基学院项目。“如果说《人是如何学习的》的贡献主要是理论的，那么卡内基教学促进基金会主席舒尔曼领导的卡内基学院项目的贡献则主要是实践的。”① “大学教学学术”（Scholarship of Teaching and Learning，SOTL 或 Scholarship of Learning and Teaching，SOLT）之所以成为全球显学，应该得益于博耶的“大学教学学术”（Scholarship of Teaching）学术思想创新和舒尔曼发扬博耶思想，创造性领

① 赵炬明．论新三中心：概念与历史——美国 SC 本科教学改革研究之一［J］．高等工程教育研究，2016（3）．

导与实践的长达 11 年的卡内基学院项目。①

二、以学生为中心理论内涵

（一）美国 SC 理论主要内涵

依据赵炬明对美国 SC 开展的系统研究，我们认为美国 SC 理论研究内涵可以归纳为以下三个方面。

1. 概念与范畴研究

布鲁贝克曾说："事实上，这许多方面都是以满足各自所属的历史时期的不同程度的需要来获得各自的合法地位的。"② "以学生为中心"无论是在美国还是在中国，都经历过也可以说正在经历着不同概念与范畴的建构与实践，学术界有责任正本清源，以确立一个相对"统一的定义""几个参考点"，以便于"实践把握"，这是赵炬明在梳理与研究美国 SC 定义过程中秉持的一个重要观点。

赵炬明借用"传授模式"的"老三中心"的教材、教师、教室三个基本特征，也创新性地构建起了 SC 模式的三个基本特征，即以学生发展为中心、以学生学习为中心、以学习效果为中心，并通过 3+2+2 具体明确的内涵标准，确立起"新三中心"论的概念与范畴框架（见表 2-1）。

表 2-1 "新三中心"论的维度与内涵

维度	具体内涵	启发或联想
1. 以学生发展为中心	1.1 以学生当前状态为基础，以促进其发展为目的	可以成为个性化教育、因材施教的理论基础
	1.2 完成青春期特定发展任务	有科学理论基础
	1.3 发掘学生潜力，促进其全面发展	个性化教育对高校而言就是一种责任与境界

① 根据赵炬明《论新三中心：概念与历史——美国 SC 本科教学改革研究之一》，卡内基学院项目从 1998 年一直持续到 2009 年，美国先后有 1000 多名教师参加了项目资助的研究，有 158 名教师被授予"卡内基学者"称号，这些人在经过深入研究一年后，到全国各地巡回演讲、示范并做培训。期间，先后有 250 多个学校参加了项目，共组建了 12 个院校集群，联合研究共同关心的问题。特别值得一提的是，基金会还邀请美国高等教育学会、美国哲学学会、美国物理学会、美国社会学学会等 28 个专业学会为项目提供专业支持，这对深化与扩大项目的实际效用功不可没。2005 年，国际大学教学学术协会成立，标志着 SOTL 成为一个崭新的学术领域，证明了卡内基学院项目在国际范围内得到认可。

② 约翰·S. 布鲁贝克. 高等教育哲学［M］. 杭州：浙江教育出版社，1987：19.

续表

维度	具体内涵	启发或联想
2. 以学生学习为中心	2.1 把学习作为教育的中心	实现从“教”到“学”的转变；高校“双主论”（师生主导与主体）的“颠覆”
	2.2 学习是学生所有活动的中心	活动也应该是学习的一种方式。如职业教育提倡的“淡学旺工”如何理解
3. 以学习效果为中心	3.1 学习效果是判断教学和学校工作成效的主要依据	直接效果和间接效果、短期效果与长期效果要求学校构建科学有效且持续不断的评估研究体系
	3.2 建立有效的及时反馈机制	帮助学生调整学习、帮助教师调整教学、帮助学校调整工作；学校管办评机制建立的必要性

2. SC的科学理论基础

研读赵炬明SC系列文章，最深刻启迪之一就是：SC是以科学为基础的教学改革。因此，基于科学进步基础上提出的“以学生为中心”理论，我们认为对高校实施“以学生为中心”的理论最有说服力，因为其既限制了道德层面如“责任担当”的空谈，又张扬了实践层面如“责任担当”的使命。在中国高校，“以学生为中心”理念生效的关键是必须建立在校长或一把手对这种理论的分析认知上。如果校长或一把手缺乏这样的认知，绩效评价体系又缺乏这样的评价内容，则“以学生为中心”很难在高校有效推进。换言之，高校的教学与工作是不是“以学生为中心”并建立起了一整套具有先进理念、能高效执行、能及时反馈修正、能起到激励作用的制度体系，应该成为评价一所高校教育教学改革是否科学合理、是否规范的基本内容，也应该成为评价高校教育教学质量最重要的标准。

赵炬明研究认为，SC改革的科学基础是脑科学与神经科学、青春期大学生发展研究、认知心理学和认知科学、学习心理学和学习科学，并据此把它们相对应用于了解大脑、了解学生、了解认知、了解学习。这些研究对中国高校教师特别是高校管理者普遍存在着的“把大学教学看成艺术”① 而严重缺乏对大学教学科学基础的认知等现象，无疑是振聋发聩的，且具有醍醐灌顶之效。因此，一个重要的现象或问题是值得研究的，就是现在存在于中国高校的大学教

① 赵炬明．打开黑箱：学习与发展的科学基础（上）——美国“以学生为中心”的本科教育改革研究之二［J］．高等工程教育研究，2017（3）．

师发展中心或大学教学研究中心，是不是把大学教学的科学基础作为其培训的重要内容。

如果对脑科学与神经科学有所认知，我们就会科学引导大家承担起帮助学生发展大脑能力的责任，就会把学生的发展、学生的需求放在首位，就会从科学的角度思考学生的饭菜、生活习惯与体育课程等问题。认知心理学和认知神经科学研究成果表明，在18~22岁这个阶段，人的主要发展任务是发展抽象思维能力，从发展系统抽象思维能力到生成自己的抽象原则，而这个阶段正好是本科教育阶段。认知心理学家们发现，大脑是通过构建认知模型来认识与应对外部世界的。大脑通过构建认知模型来认识和表征外部世界，这些模型代表大脑对外部世界的看法，是大脑对外部世界的认识和想象。这个认知过程由三部分组成：外部世界（对象系统），认知模型，神经环路。外部世界与认知模型之间是认知心理过程，认知模型与神经环路之间是认知生理过程。认知心理过程和认知生理过程是相伴相生的。以此观之，大学教育就是帮助学生在头脑中构建特定的专业认知模型，大学促进了学生的认知发展，也就促进了其大脑发展。“学”是学生在自己头脑中构建认知模型，“教”是教师帮助学生构建认知模型。因此，把“以学习为中心”的理念渗透到大学管理制度中、内化到大学教师心海里，教学的中心是“学”而非“教”，建构一种让学生“见多识广”的学习环境等科学认知就会自然而然地建立起来。[①]

3. SC的实施

赵炬明研究的一个重要观点是“SC改革不仅仅是教学改革，还要涉及整个学校系统”，“是否注意到SC改革是一场范式变革并用其指导改革，对改革的成败至关重要”。[②] 这就是上面提到的，中国高校要实施SC改革，校长或一把手的认知乃至政府问责的评价系统等都要认真对待实施SC的“范式思维”或“范式变革”。

SC教学改革实施的基本问题就是为什么要强调“范式思维”。赵炬明的研究结果是“19世纪80年代以来美国大量SC改革失败的重要原因之一，是改革者们没有认识到SC改革是一场范式变革，而把它看成是仅限于教学活动的局部改革”。中国“以学生为中心”的理论研究与实践推进主客观上都存在受限于

① 赵炬明．打开黑箱：学习与发展的科学基础（上）——美国“以学生为中心”的本科教育改革研究之二［J］．高等工程教育研究，2017（3）．

② 赵炬明．论新三中心：概念与历史——美国SC本科教育改革研究之一［J］．高等工程教育研究，2016（3）．

是否可以围绕“范式变革”进行探讨和加以实践的。高校如果要进行 SC 教学改革，相应的教学活动、教学管理、技术支持/资源配置、行政管理、学校文化乃至政府政策、社会舆论等方面都要发生根本性变化或进行根本性改革。否则，SC“改革要么失败，要么举步维艰”。① 我们认为，中国公办高校要推进以“以学生为中心”的“范式变革”，既有党委领导下的校长负责制的制度优势，同时又存在高校领导任期时限与短期功利目标的现实情况，对于这项系统性、中长期的变革，客观上还是存在做不做、有成有败的概率的。

SC 教学改革实施的最有价值的地方就是可以全面提升大学生的高阶学习能力。SC 课堂教学改革至今在美国大学中广泛应用的是美国学者布鲁姆提出的课程设计模型，由低到高排列：记住、理解、应用、分析、评价、创造。其中“记住”“理解”为低阶学习，其余为高阶学习。基于此，美国大学 19 世纪 90 年代开始流行“课前阅读、课中讨论、课后练习”的教学模式，将低阶学习以“课前阅读”的形式交给学生，“课中讨论”则是为了发展学生的高阶学习能力，即应用、分析、评价和创造的能力，这一阶段由小班化教学、师生、生生等共同完成。“课后练习”则给了学生实际运用其认知模型的机会，培养其应用与创造能力。如果大学期间能接受到这样的高阶学习，那么，我们可以说这样的大学本科教育就是一流的。②

（二）“以学生为中心”的其他相关研究

1.“以学生为中心”的国际学术研讨会③

2012 年 7 月 14~15 日，中国高等教育学会院校研究分会在华中科技大学以“院校研究：‘以学生为中心’的本科教育变革”为主题召开了一次意义重大且影响深远的国际学术研究会，来自海内外高校的近 400 名校长、专家、学者参加了这次会议。

围绕为什么要提倡“以学生为中心”的本科教育、什么是“以学生为中心”的本科教育、如何实现“以学生为中心”的本科教育变革，与会学者纷纷

① 赵炬明．论新三中心：概念与历史——美国 SC 本科教育改革研究之一［J］．高等工程教育研究，2016（3）．

② 赵炬明．关于实施“以学生为中心”的本科教学改革的思考［J］．中国高教研究，2017（8）．

③ 参考文献主要依据为张俊超的《推进从“教”到“学”的本科教育教学变革——“院校研究：‘以学生为中心’的本科教育变革”国际学术研讨会暨中国高等教育学会院校研究分会 2012 年年会综述》（《高等教育研究》，2012 年第 8 期）等。

提出了自己的真知灼见。威廉·巴罗内教授的研究指出，在“以学生为中心”的教学中，学生的学习参与度、批判性思维、学习满意度、学习成绩、学业保持率以及自尊感均高于平均水平，学生的语言能力、积极动机、社会联系、小组智商、考试分数和出勤率也有显著提升。刘献君教授认为，“以学生为中心”不是指老师围着学生转，也不是指教师与学生角色、身份、地位的高低之分，而是指教学理念、管理理念、服务理念的转变。教育的目的，最根本的是要从以“教”为中心向以“学”为中心转变，即从“教师将知识传授给学生”向“让学生自己去发现和创造知识”转变，真正关注学生的学习，关注他们如何学以及学到了什么。赵炬明教授指出：从“教”转向“学”是一种范式转变，从认识论基础、教学模式设计、教学效果评估、教学管理支持系统到新型校园文化建设，均有系统的变革要求。学校需要考虑通过整体性改变来推动新的范式转型，片面理解和局部实施均可能导致改革失败。这次会议闭幕式上，院校研究会还拟就了1200余字的《关于“抓住历史机遇，推进‘以学生为中心’的教育教学模式变革”的倡议书》，提出“以学生为中心”的“教育教学模式转型是一场重大革命，它不仅是对中国高等教育的一个挑战，也为中国高等教育的发展提供了一个难得的历史机遇，如果能依靠我们的制度优势，抓住机遇，因势利导，在较短时间内完成这个变革，实现高等教育质的飞跃，中国就有可能在世界高等教育竞争中走在前列”。

2. “以学生为中心”的其他经典论文

通过清华同方期刊数据库以“以学生为中心”为主题词进行检索（截至2020年2月10日），共检索到229条结果，其中2007年3篇，2008年6篇，2009年6篇，2010年4篇，2011年7篇，2012年10篇，2013年5篇，2014年7篇，2015年6篇，2016年9篇，2017年15篇，2018年14篇，2019年137篇。以中国高等教育学会院校研究会“以学生为中心”国际学术研讨会为界进行分析，发现从发表数量上看变化趋势并不明显，只有2019年呈快速增长趋势，但2012年后的一些研究，在内涵上还是发生了许多变化。下面选择几篇经典论文进行研读。

刘献君《论“以学生为中心”》① 一文中从为什么要提出“以学生为中心”、怎样理解“以学生为中心”和怎样实现“以学生为中心”三个方面系统论述了这一命题，今天读来仍然觉得受益匪浅。如文章中提出的，我们都知道

① 刘献君．论“以学生为中心”［J］．高等教育研究，2012（8）．

高等教育质量是高等教育的生命线，但长期以来教师把讲课、教学当成目的，较少关注“学生上课眼睛不亮”的现象，这对大学生的终身发展、全面发展都会带来不好的影响。文章引用 Robert B. Barr 和 John Tagg 的观点，认为“以学生为中心”最根本的是要实现从以“教”为中心向以“学”为中心的转变，即从“教师将知识传授给学生”向“让学生自己去发现和创造知识”转变，从“传授模式”向“学习模式”转变。针对怎样实现“以学生为中心”的问题，文章从现实存在问题、转变教育观念、转变教学方式、典型实践经验、改革政策导向等方面提出了建设性意见，对启动实践探索有很大助益。

季波等围绕承担的国家社科教育科学规划课题“‘以学生为中心’的人才培养模式国际经验分析和实践策略研究”（BIA160108）发表了系列研究成果。主要内容有：一是“以学生为中心”视角下美国一流研究型大学本科人才培养的特征研究。① 文章以哈佛大学、密西根大学、伊利诺伊大学厄巴纳—香槟分校、麻省理工学院、加州大学伯克利分校和约翰霍普金斯大学六所一流研究型大学的生物医学工程为对象，通过人才培养目标定位与课程体系等梳理，分析其本科人才培养的特征，发现主要呈现出将“以学生发展为中心”作为美国大学人才培养目标的设定、将“以学习效果为中心”作为美国大学本科生的能力培养、将“以学生的学习为中心”作为美国大学本科生的课程及特色教学项目设置三个特征，但这三个特征是如何体现了“以学生为中心”，以及它们之间是什么样的关系却很难看出来。倒是介绍的这些国外一流大学均强调本科生的科研（从科研中培养学生的独立自主发展能力）、高期望值，以及哈佛大学为了引导、记录和督促学生的学习与发展而设计的“学生学习计划表”（Plan of Study）等特色理念与做法，与“以学生为中心”有较高的相关关系。二是“以学生为中心”视角下美国通识教育的启示研究。② 文章从通识教育的内涵、美国通识教育的历史演变、美国五校（哈佛大学、密西根大学、伊利诺伊大学厄巴纳—香槟分校、麻省理工学院、加州大学伯克利分校）通识教育改革的特征以及对中国高校通识教育的启示四个方面进行了研究，文章借用了学生发展（成为合格的人，成为有创新能力的人）、学生学习（构建文理并重能激励学生学习的课程体系）、学生学习效果（科学评估与协同优化的通识教育课程管理

① 季波，李劲湘，邱意弘，魏佳妮．“以学生为中心”视角下美国一流研究型大学本科人才培养的特征研究［J］．中国高教研究，2019（12）．

② 季波，刘森，郭晶，陈龙．“以学生为中心”视角下通识教育的美国启示——美国五所一流大学新一轮通识教育改革案例研究［J］．江苏高教，2019（11）．

体系）的逻辑框架，更多注重的是通识教育的研究内容，在与“以学生为中心”的内在联系上还需要做深度分析与研究。三是美国“以学生为中心”的新型人才培养模式的特征与启示研究。文章以欧林工学院、密涅瓦学院和斯坦福2025计划为例，认为其人才培养呈现出的三个特征，即以学生学习为中心的个性化学习体验、以学生发展为中心的自适应组织形式、以学生学习效果为中心的新技术应用和市场驱动，并认为这三个特征是对“以学生为中心”人才培养模式的新探索和新实验。[①] 三篇文章均以“新三中心论”为分析视角并构建研究内容，在国内属于比较系统的研究。

其他文献如李金朝、吴勇的《“以学生为中心”的教育理念在美国社区学院的落实》以加州佩拉尔塔社区学院为例，介绍了其在教育理念、培养方案、课程设置、硬件设施等方面是怎样落实“以学生为中心”的理念的；[②] 周雪丰、葛玉红、曹峰、郑修文等的《“以学生为中心”教学理念在我国高校教学实践中的困难与改进措施》则提出了“以学生为中心”在实践中的制度性困难和“以学生为中心”理念在我国高校教学实践中的若干困难，这些对我们都深具启发意义。[③]

第三节　个性化教育理论

个性化教育本质上应该是“以学生为中心”理论的必然组成部分，但由于其丰富且自成体系的研究内容，所以本书把个性化教育理论单列一部分进行研究。个性化教育无论是一种“新教育文化的创生”，还是对“标准化教育的抵制、修正甚至是转型性变革”[④]，或者是“回归教育的本质”，在更加重视个体生命价值的时代重新提及或被倍加关注，应该引起高度重视。

个性化教育正如我国颁布的《国家中长期教育改革和发展规划纲要

① 季波，张怡凡，吕薇，戴雨吟．美国“以学生为中心”的新型人才培养模式的特征与启示——基于欧林、密涅瓦和斯坦福2025的分析［J］．教育发展研究，2019（23）．

② 李金朝，吴勇．“以学生为中心”的教育理念在美国社区学院的落实［J］．高教发展与评估，2019（7）．

③ 周雪丰，葛玉红，曹峰，郑修文．“以学生为中心”教学理念在我国高校教学实践中的困难与改进措施［J］．贵阳中医学院学报，2019（6）．

④ 张新平．个性化教育：一种新教育文化的创生［J］．江苏教育，2019（63）．

（2010—2020 年）》指出的那样，要“关心每个学生，促进每个学生主动地、生动活泼地发展，尊重教育规律和学生身心发展规律，为每个学生提供合适的教育”“关注学生不同特点和个性差异，发展每一个学生的优势潜能”。尊重个性、关注个体成长、为学生提供更有针对性的教育，是一流本科教育必须要重视的一件事情。

一、个性化教育理论的源起

个性化教育是中国优秀传统文化中的一颗璀璨明珠，中国早在 2500 多年前的孔子时代就已有丰富系统的理论与实践，刘献君在“《论语》的个性化教育启示”中对《论语》进行了深入学习与研究，认为深入了解学生、针对性教学、帮助学生认识自己、引导学生自主学习四个方面是《论语》对个性化教育的重要启示。[①] 在西方，个性化教育则最早可追溯到古希腊时期苏格拉底辩论的“精神助产术”，即通过与学生讨论问题，采取启发引导、质疑和辩论的方式，帮助学生认知与成长。然而，时至今日，为何才在或者又在我国高等教育理论界成为一个热门话题？对此，我们认为有以下几个原因：

第一，是“回归教育的本质”的体现。正如刘献君所言，“教育的对象是人，教育的目的是促进人的成长和发展。而人是活生生的、千差万别的。教育的根本在于个体自身，任何教育都要回到个体；每个人都是一个独立而完整的世界，每个人成长的问题最终只能由自己解决。”[②]

第二，是受教育者需求的转变。随着 2000 年前后出生的、在较好物质生活环境中长大的一代新人陆续走进大学校园，他们对环境的要求、对校园文化氛围的要求、对被人尊重的要求、对自己个性释放的要求、对今后职业规划的要求等方面，都有了更多样的、更高的、更个性化的需要。张新平认为，“在一个越加重视个体生命价值的氛围中，越要精准把握每个学生的关系性存在之本质。个性化教育并非简单地突出个体性、个别性、独特性，而是要在充分理解彼此相依的关系性存在前提下认识每个学生的个性差异。而尊重和关爱每个学生的问题，也只有在关系性存在的基础上才能受到重视和成为一种切实的行动。每个学生的独立人格和独特个性都不是先天命定的，它们只能在互联依赖的关系

① 刘献君．个性化教育论［M］．武汉：华中科技大学出版社，2018：34-40.

② 刘献君．个性化教育论［M］．武汉：华中科技大学出版社，2018：20.

性实践中养成和发展”。①

知识窗：学生发展的五个支柱

学会认知　学会做事

学会共同生活　学会生存　学会改变

——联合国教科文组织《教育：财富蕴藏其中》

第三，是社会需求的转变。英国工业革命以来在世界范围内生成的标准化教育或班级制教育模式，从根本上讲是教育界针对普遍的经济社会现象而生成的最有效和最合理的教育制度设计。中国由工业化时代进入后工业化时代、信息化时代、人工智能时代，中国的制造业从学习、复制、消化再转变到改革、创新阶段，社会对人才的需求从无差异的促进生产力发展的工具转变到既需要传统意义的专业人才，更需要具有鲜明个性特色的创新能力的人才，个性化教育重新走上舞台中央就成为必然。

第四，是科学进步的结果。随着科学技术革命的不断进步，人对于自身的科学认识也在不断进步，包括通过脑科学和心理学对人的认知能力的研究。由此，人们认识到人的各种思维能力的发展形成是有窗口期特征的，即在人一生中成长发育阶段这一特定时期，一般均在 22 岁（即大学完成）前的时期。并且，这些思维能力的形成是必须靠自身通过学习、实践也就是自主学习完成的，这是认知心理学和认知生理学的研究结果。随着互联网技术、大数据技术和人工智能技术的不断发展及在教育领域的深入应用，教育科学会形成一系列的教育软件产品，能够通过学生自主使用来完成个性化教育过程中许多简单重复性工作，从而大大减轻了教师们在个性化教育上超常规的工作量，等等，这些都为个性化教育的可能与普及创造了物质保障条件。

二、个性化教育理论内涵

通过清华同方期刊数据库以“个性化教育”为主题词进行检索（截至 2020

① 张新平．个性化教育：一种新教育文化的创生［J］．江苏教育，2019（63）．

年2月15日)，可以看到1991年以来的1760条相关信息，研究的视角与层面都非常广泛，其中2018年有111篇，2019年有119篇。下面从三个方面对个性化教育理论内涵进行综述。

(一) 相关概念研究

刘献君曾经对“个性”的概念进行过系统的研究。他认为，“个性就是个体独有的并与其他个体区别开来的整体特性，即具有一定倾向性的、稳定的、本质的心理特征的总和，是一个人共性中所凸显出的一部分。”“个性是类特性、民族性、阶级性、地区和社区特点、教育特性和时代特性在具体的个体身上的独特组合。在某一个人身上，它有不同的组合，不同的组合方式则形成不同的个性。”“个性是独特性和共同性的统一”“个性是自然性和社会性的统一”“个性是稳定性和可变性的统一”。① 在此基础上，刘献君将个性化教育定义为“尊重个体生命的独特价值、发掘个体生命的潜能、培养学生独立人格和独特个性、促进个体生命自由和谐发展的教育”。②在《个性化教育论》一书中，刘献君对个性化教育的概念还有很多真知灼见，如个性=共性+特性；个性是可以认识的、把握的，个性是可以改变的，个性修养和教育是无止境的；个性不等于特性，我们培养的学生首先要达到共性要求，即国家标准，同时，每个学生要发展自己的特性；等等，这些定义研究有助于我们全面深刻认识个性化教育。

其他关于个性化教育的定义还有，如卡罗尔将个性化教育定义为：“在学习者个性特征与学习环境之间努力达成的一种平衡。也就是说，它是学习者个性特征与所学知识、行为方式、概念、学习环境、激励系统及习得性技能之间的一种合理匹配，而且是一个连续的过程。”③ 张新平认为，“个性化教育不是一对一的个别化教育模式，抑或强调个性化教学的因材施教实践，或是凸显学校办学水平、个性的品牌特色构建方略。更重要的是，它应成为智能信息时代的一种新的教育思想”。④

(二) 美国相关理论和基本经验研究

20世纪80年代末，我国研究者开始关注国际范围内的个性化教育，并开

①② 刘献君．个性化教育论［M］．武汉：华中科技大学出版社，2018：14-16.

③ 刘根平．J. W. 基夫的个性化教育模式述评［J］．外国教育研究，1991（3）.

④ 张新平．个性化教育：一种新教育文化的创生［J］．江苏教育，2019（63）.

始从介绍国外相关理论与实践入手，从而开启了中国学习与了解西方特别是美国个性化教育的学习与研究热潮。[①]

个人主义和实用主义是美国文化的两大特质，也是美国个性化教育的社会文化基础。在美国，语境中的个人主义主要包括三个层面的含义：一是强调应有与人不同的个性，相信自己是独一无二的，想做什么就能做成什么；二是强调应表现自己的个性，强调通过个人自立和奋斗取得成就是美德，而依赖别人则会遭到鄙视的价值观；三是强调个性的发展要与环境的变化相适应，以一种灵活的姿态来应对环境的变化。可见，“美国文化中个人主义的核心不是自私自利，而是互利和自愿原则，强调对群体的依附和对国家的忠诚”。[②] 美国的实用主义强调效用至上，鼓励尝试与探索，注重孩子独立意识的培养，不为孩子选择而是帮助孩子选择等社会文化。这都为个性化教育的开展奠定了良好的思想基础。[③]

刘根平（1991）较早地对时任全美中学校长联合会（NASSP）[④] 研究中心主任基夫（J. W. Keefe）的个性化教育模式进行了介绍。基夫长期从事中学、大学的教学和管理工作，有着丰富的教学和管理经验，而且著述颇丰。他建构了4×3＝12（4阶段12个操作环节）的个性化教育模式，即诊断（发展特征、学习方式、学习史）、处方（建议和指导、目标确立和计划制定、程序安排）、个性化学习（教学方法、教学材料与方法及时间安排、学习技能）、评价（学习者的成就、教师的教学能力与教学目标实现程度、总课程与学校教育方针教学目标的实现度）。NASSP的研究指出，学习方式在个性化教育模式中占有非常重要的地位，学生学习方式是由“认知维”“情感维”“生理维”三个维度所构成的，学习方式的类型和特征可以通过“学习方式量表”来测量与评估。为此，NASSP的基夫等就开发了126项测验指标，以此来测定出每个学生不同的学习方式。[⑤] 基夫等的模式构建、量表制定与持续推进，对中国高校推进个性化教育的启示不仅是方法论上的，更重要的是高校学术组织如何变革与创新

① 仝磊，尚琦．回顾、反思与展望：我国个性化教育研究30年［J］．江苏教育，2019（63）．

② 宋彩萍．高等教育与民族精神培育［M］．北京：中央文献出版社，2006：203-218．

③ 郭法奇．论美国的个性化教育［J］．教育理论与实践，2001（1）．

④ NASSP包括美国各州的中学校长、副校长、管理人员、教授和其他教育工作者等，会员共4万余人，联合会位于弗吉尼亚的莱斯顿。

⑤ 刘根平．J. W. 基夫的个性化教育模式述评［J］．教育学术月刊，1991（4）：64-67．

上的。

张崇善比较详细地介绍了美国中小学实施个性化教学的四种形式，即“不分级别教学”“个别规定教学”“小队教学”“个别教育学校”，其中的前三种对高校个性化教育均有启发作用。例如：第一种“不分级别教学”，具体的做法是教师先根据学生的差异，制定学习内容和程序，并提供给学生选择，然后教师针对性地设置情境，提出问题，由学生通过活动去解决问题，最后，教师再对学生进行客观评价。这种方案的最大好处是减少了由于升留级而引起的压力和挫折感，给每个学生提供了体验成功的机会。高校基础课中挑战度很高的课程或公共选修课就适宜采用这种方法。第二种“个别规定教学”，方法是先测试和诊断学生能力的大小，然后教师根据测试设计活动目标，规定各自学习任务，经过一段时间的学习，再测试学习结果，未达到要求的，教师对学习难点给予辅导，然后再测试反馈，直到实现目标。这种方法在课程教学中应该普遍采用。第三种“小队教学”，方法是每科教学中以两名或多名教师组成小队，充分利用每个教师擅长的知识和技能，并配合其他教师的辅助和指导，对一个或多个相同班级进行教学。基于学生获得知识主要通过依靠教师、自学、互相学习三种方式的认知，小队教学的形式有大班教学、独立学习和小组讨论三种形式。高校的一些基础课程、创新创业课程、特色课程等就可以考虑借鉴这种小队教学形式。①

美国 AltSchool 学校现象的出现和经验也是值得我们关注的。首先，它改变了我们对传统学校规模的认知，认为一间微型教室就是一所学校。开学前，AltSchool 学校会通过自己开发的测量软件，帮助每位学生制定好个性化学习计划，然后再为每位学生制定学习任务进度表，与此同时，还为学生提供个性化的学习内容。其次，过硬的信息化技术学习支持系统是 AltSchool 得到社会认可的关键。通过建立数字平台（My AltSchool），能够追踪到动态课程表，便于教师、学生、家长在线了解教学进度。学生还可以通过 My AltSchool 下载活动卡片，创建学习任务清单；老师可通过 Progression 工具了解学习进度，提供评估和反馈；而家长可以通过 Stream 软件了解学生上课的视频，实时观察儿童的表

① 张崇善．当代世界个性化教育发展趋势［J］．教育理论与实践，1991（5）．

现等。[1] 马克斯·温迪拉创办的 AltSchool 学校的办学模式，是信息技术与个性化教育融合的杰出典范，今天已经有社会机构致力于其中的研发，这为高校推进个性化教育提供了有价值的参考思路。

（三）国内理论和实践探索

个性化教育理论在中国的探索已经有近三十年的历史，实践探索大多呈现在学科教师与学科课程中。

刘献君的个性化教育理论及其所领导的文华学院的个性化教育实践是中国高等教育界个性化教育成效显著的先行者和引航者。基于对个性化教育的思考与探索，刘献君发表了系列研究成果，如《高等学校个性化教育探索》（2011）、《本科学生个性化教育体系探索》（2012）、《论“以学生为中心”》（2012）、《论立志教育》（2015）、《个性化教育的十个观念》（2018）、《认识和发掘大学生的优势潜能》（2018）、《创新空间教育》（2018）、《个性化教育模式探索》（2020）等多篇高质量论文，并结合所领导的文华学院，从战略设计到战略实施，步步深入扎实推进个性化教育实践，形成了具有鲜明文华特色的个性化教育理论体系和实践体系。刘献君认为，个性化教育的“起点是尊重学生，终点是学生尊重。”[2] 在汲取中外优秀文化的基础上，刘献君从教育的角度提出了自己对“尊重”的独特见解，即“尊重是教育目的和教育手段的统一，是教育理念和教育实践的统一，是教育抽象和教育具体的统一。”[3] 针对文华学院个性化教育的“潜能”“志向”“空间”三个关键点，刘献君均形成具有文华特色又具有方法论启示的研究成果，如在“发掘潜能”部分，他从理论与实践两个方面进行反复思考，形成从认识潜能、发现潜能到选择优势潜能、实现优势潜能等认识事物与推进工作的逻辑框架。[4] 他指出，“从教育的本质看，教育

---

① AltSchool 于 2013 年成立。Alt 是 Alternatives 的缩写，是由谷歌公司前总监马克斯·温迪拉（Max Ventilla）自行创办的私立学校，初衷是为女儿提供更好的教育，也为美国的学前儿童及中小学学生提供更加注重个性化、全人化的学习体验，并努力使这种“微型学校”成体系、规模化。AltSchool 创办之初仅有一间教室、20 名学生以及 3300 万美元的风险资本融资作为建校资金。到 2017 年，这所私立学校发展势态良好，获得近 2 亿美元的风险投资。不过在 2017 年底，AltSchool 关闭部分校区，仅保留纽约和旧金山两个点，将其作为实验学校，并将重心转移到“个性化学习平台”的开发、维护和推广上。AltSchool 已经完成了“初创”到“开学校”再到“建立开放平台”三步走的历程，在全球市场中展开国际业务。

② 刘献君．个性化教育论［M］．武汉：华中科技大学出版社，2018：43.

③ 刘献君．个性化教育论［M］．武汉：华中科技大学出版社，2018：39.

④ 刘献君．个性化教育论［M］．武汉：华中科技大学出版社，2018：48-57.

是促进人的个性全面发展，教育就是个性化教育。”“个性化教育首先强调发掘学生个性潜能的优势，即寻找每一个学生身上的最强点和闪光点。”他认为，作为独特的存在，每个学生都具有与众不同的优势潜能，教育的实质乃是信任并催发每个学生身上所蕴藏的那种源源不断的正向生长动能，通过对话讨论、欣赏探究，深度挖掘每个学生身上的长处和积极面，从而增强他们的学习兴趣、增进他们的生活情趣、提升他们的合作共创能力。①

权威声音

认识自我是立志的前提，确立目标是立志的基础，制定规划是立志的载体，坚持不懈是立志的关键。

每个学生的潜能不同、兴趣爱好不同、学习经历不同、思想基础和学习水准不同、所学专业不同、志向目标不同、未来职业理想不同……因而每个同学需要的学习空间不同。学校要创设多种多样的个性化空间，供学生选择。

——刘献君《个性化教育论》(2018)

刘献君特别强调个性化教育中的“自我教育”。他在苏霍姆林斯基“自我教育是学习教育中极重要的一个因素”“没有自我教育就没有真正的教育”“促进自我教育的教育才是真正的教育”② 等思想影响下，形成了“人的主体的活动是有目的、有意识的，人的自我意识越强，与社会的互动、选择能力就越强”“个性的发展只能由自己来完成，因此，要给学生一片自由的天空”“教育者要通过情景假设、心理暗示、信息聚焦、目标锁定、自我激励等多种形式，帮助学生培养兴趣，增强自信，启迪智慧，发掘潜能，从而达到自我成长、自我实现、自我超越”“个性化教育的前提是学生认识自己，在认识自己的基础上规划未来，发展自我”“学生学习了就有教育，没有学习就没有教育。教育要落实到学生的学习上。同样，个性化教育最终要落实到学生自主学习上。我们要研究学习，探讨学习规律，引导学生自主学习”等系列经典思想，对我们理解

① 刘献君．个性化教育论［M］．武汉：华中科技大学出版社，2018：20-21.

② 王天一．苏霍姆林斯基教育理论体系［M］．北京：人民教育出版社，1992：47.

个性化教育具有重要的方法论启迪。[①] 如何为学生提供合适的教育，是检验高校个性化教育管理思想与理念的基本标准。合适的教育，前提就是要了解学生，即通过科学的和较稳定的方法了解学生的身心特点、兴趣爱好、优势潜能、思想品德以及生活学习的状况等。个性化教育就是要在了解学生的基础上实施针对性教学，针对学生不同的发展阶段、认识水平，不同的知识结构、疑点难点，不同的兴趣爱好、性格特征，不同的思想状态、道德水准进行教学。可以看出，个性化教育深刻影响着高校的学科文化、组织文化和评价制度，而“大学对组织文化的价值关系也是可以选择的，这往往取决于大学所拥有的办学自主权以及大学对自身办学定位的坚守”。[②]要不要进行或怎样开展个性化教育，也构成评价高等院校追求一流本科教育的思想境界与方法路径的重要标准维度。

中国高等教育学会院校研究分会 2018 年 7 月在广西桂林召开“大数据时代的院校研究与个性化教育”国际研讨会，有来自美国、英国、加拿大、比利时、日本、澳大利亚六国和国内的大批学者共 816 人参加，与会者围绕个性化教育展开充分研讨。作为个性化教育的倡导者与实践者，院校研究会会长刘献君教授认为，实施个性化教育是对教育真谛的深刻领悟，体现了世界科技、教育发展的趋势，是对学生的尊重和爱，符合党和国家对我国教育发展的基本设想和要求，而要开展个性化教育，首先必须确立十个教育观念：

（1）个体生命具有独特性。

（2）个性=共性+特性。

（3）个体差异是教育的重要资源。

（4）万物得其本者生。

（5）学生需要是个性化教育的起点。

（6）创新精神培养是个性发展的核心。

（7）交往实践是个性化教育的重要方式。

（8）大数据为个性化教育创造了条件。

（9）培养学生个性学校首先要有特色。

（10）开展个性化教育是教育者的一种境界和责任。

美国加州大学校长办公室院校研究与学术规划主任常桐善博士从个性化学习的角度对个性化教育进行了解读，认为个性化学习是多渠道、非线性的学习，

① 刘献君．个性化教育论［M］．武汉：华中科技大学出版社，2018：19.

② 别敦荣．大学组织文化的内涵与建设路径［J］．现代教育管理，2020（1）.

并提出尊重学生的个性特征，营造“以学生为本”的个性化教育氛围，是提升高等教育质量的重要途径。华中科技大学赵炬明教授预计未来10~20年内以AI为基础的个性化教学可能会得到较大的发展，会出现普及化的、以“人机组合”为特点的大学个性化教学系统。清华大学史静寰教授认为，大数据技术的介入，让教师可以通过大数据了解每个学生的个性化特征与个性化学习需求，并为全面分析学生的学习需求、深入剖析影响学生学习过程与效果的因素提供依据，实现因材施教，为学生的个性化发展提供支持。①

第四节　学习投入理论

大学生学习投入理论属于高等教育质量研究范畴，实践上属于高等学校内部质量保障体系范畴。综观过去几十年乃至现在的各种质量保证活动，从指标体系到具体的操作程序和管理，沿袭硬件资源、学校声誉、科研论文为主要衡量标准的传统仍然在不同程度上存在着，学生作为受教育的对象，其对教育质量的需求和感觉，仍然普遍存在不被重视或口头上重视但实际上被忽视的现象。把质量保证的视角从资源投入、教师产出转向关注学生学习过程和结果，从注重静止状态的数据转为注重教育实践过程，从注重教学转到注重学生学习过程与学习结果，形成以学习者为中心的教育质量保证体系，是实现以学生为中心理念和个性化教育理念的基础要求。

一、学习投入理论的源起

什么是学习投入（Student Engagement）？根据美国印第安纳大学学习投入理论研究中心的解释，学习投入是关于“对学生个体在学习活动方面所投入的时间和精力的测量，可以让学生客观地看待并反思自身对学习的投入程度，理性对待学校在教学设施等学习环境方面的支持程度，立足实际，合理诉求，促进学校与学生这一共同体的发展”，而围绕该领域所开展的理论研究、实践活动

① 张莉．深化院校研究　推进个性化教育——“大数据时代的院校研究与个性化教育”国际会议暨中国高等教育学会院校研究分会2018年年会综述［J］．高等教育研究，2018（9）．

的总结与升华就是学习投入理论。[①②]

20 世纪 90 年代，随着美国高等教育大众化的发展，高等教育质量问题备受关注，公众问责和质疑倍增。在这一背景下，美国高教界开始探索如何以学生为中心和从学生视角构建质量保证体系，从而保证和提高学生的学习质量，其中，大学生学习投入理论应运而生。牛亏环、罗志敏（2016）认为，大学生学习投入的代表性理论有学习投入理论、学生参与理论、建构主义理论、掌握学习理论、本科教育有效教学等七项原则理论和努力质量理论。本书主要透视本科教育有效教学七项原则理论（Good Practice，GP）和阿斯汀的参与理论（Theoty of Involvement）的产生原因。

1987 年，W. Chickering 和 Zelda F. Gamson 两位学者倡议开发了《本科教育良好实践（GP）七项原则》，即良好的师生关系、良好的同伴合作关系、学生积极的学习态度、对某项学习任务投入的时间、教师及时的反馈、教师对学生较高的期望、多元化的校园环境，获得了高等教育界的广泛关注。[③] 但可以看出，上述七项原则过于简单，难以在实际中应用，直接限制了 GP 在高等院校的进一步推广。为了解决上述问题，由皮尤慈善信托基金（Pew Charitable Trusts）出资、美国全国高等教育管理系统中心（National Center for Higher Education Management Systems，NCHEMS）的彼得·尤厄尔（Peter Ewell）和丹尼斯·琼斯（Dennis P. Jones）负责协调，于 1996 年完成了 4 个环节、12 个维度的《本科教育良好实践指标》，为不同高校建立本科教育标准提供了有效的指导，受到了美国高教界的普遍欢迎。[④]

随着研究界和高教管理层把教育质量保证的视角转向学生，以学生为中心的各种标准涌现，其中，影响最大的当为 1999 年乔治·库（George D. Kuh）主持、尤厄尔牵头在《本科教育良好实践指标》体系的基础上，编写出的 42 项问

---

① 上海师范大学高等教育研究所项目组．大学生学习性投入的理论与实践［M］. 上海：上海教育出版社，2016：49.

② www. nsse. indiana. edu/Student engagement represents two critical features of collegiate quality. The first is the amount of time and effort students put into their studies and other educationally purposeful activities. The second is how the institution deploys its resources and organizes the curriculum and other learning opportunities to get students to participate in activities that decades of research studies show are linked to student learning.

③ W. Chickering, Zelda F. Gamson. Seven Principles for Good Practice in Undergraduate Education［R］. AAHE Bulletin, 1987.

④ 岳小力，张晓鹏．构建以学生为中心的本科教育质量评价指标体系——试析美国“本科教育良好实践指标”手册［J］. 复旦教育论坛，2009（3）：17.

卷调查指标，即全国大学生学习性投入调查（National Survey on Student Engagement，NSSE）。NSSE 更进一步发扬了以学生参与程度为中心，对教学过程进行评估，为学校改进教育教学提供依据的理论和实践。

二、学习投入理论内涵

1998~1999 年，全美高等教育管理系统中心召集八位在本科教学和评价领域享有盛誉的专家学者共同探索本科教学质量评价的新模式，并由 George D. Kuh 主持和尤厄尔牵头，在《本科教育良好实践指标》的基础上完成了全国大学生学习性投入调查（National Student Survey Engagement）。该工具以学生的参与学习程度为核心，为学生改进学习、教师改进教学、学校改进管理等提供了具体依据，在实践层面获得了广泛支持。

自 2000 年以来，全球已有 1600 多所院校使用过 NSSE 评估本科教学质量。2019 年，共有来自 531 个本科高校约 150 万名一年级和高年级大学生被邀请参加年度调查，其中有 294507 个大学生参与了本次调查；美国高校有 504 所，加拿大高校有 19 所，其他国家高校有 8 所，一年级大学生占 47%，高年级大学生占 53%。[①] 2008 年以来，越来越多的大学自愿把本校的 NSSE 数据挂上美国最具影响力的大学排行榜——《美国新闻与世界报道》，成为美国学生选择国内大学的重要指南，NSSE 已成为美国本科教育质量评价的一种全新的风向标。

NSSE 的地位与价值

NSSE 对于院校来说，是深入探寻学生经验质量最值得信赖的透视镜。

——卡耐基教学促进会主席李·舒尔曼（Lee S. Shulman）

2007 年，美国印第安纳大学与清华大学教育研究院合作开展 NSSE 汉化工作，与“全美大学生调查”团队共同研发该调查的中文版本并开展比较研究。2009 年，NSSE-China 诞生，即“中国大学生学习与发展追踪调查”（China College Student Survey，CCSS）。开始几年，约有 30 余所高校使用该工具评价本

① www.nsse.indiana.edu/2019_Institutional_Report/pdf/NSSE_2019_Overview.pdf.

科教学质量。10 年期间，全国已有近 150 所不同类型高校参与 CCSS 学情调查项目，已积累近百万中国大学生学情调查数据，是我国目前规模最大、延续时间最长、工具设计与抽样方式最为科学严格的高等院校学情调查。①②上海对外经贸大学是国内首批、上海高校第一个参加 NSSE-China 项目的，调查结果确实对改进本科教学有极大的帮助。但由于各种原因，此项调查没有继续做下去，现在想想确实是一件比较遗憾的事情。

中国大学生学习与发展调查，在借鉴 NSSE 可比指标的基础上，构建了本土化的指标体系，分别服务于“体系分析”“院校分析”“个体学习诊断”三层次目标，能够为院校提供不同维度上的人才培养质量监测数据，为改进院校人才培养过程、构建院校内部质量保障体系提供坚实的数据分析基础。不少院校已将这一调查作为了解学情、改进教育教学的主要途径之一。从 2015 年起，配合普通高校向应用型转型的需要，清华研究团队又研究开发应用型院校学情调查的工具。

NSSE 本着“以学生为本”的理念，围绕学生的学习投入及成长收获建立了详备的调查指标体系，调查内容涉及学生大学生活的各个方面。NSSE-China 测量工具的五个方面为：学生学习上面临的挑战性程度（Level of Academic Challenge）、积极主动的合作学习程度（Active and Collaborative Learning）、生师互动程度（Student and Faculty Interaction）、丰富教育经历程度（Enriching Educational Experiences）和校园环境的支持度（Supportive of Campus Environment），这些方面将学生学习和成长所需要的课内和课外、软件和硬件、个人与团体等诸多因素都考虑在内，是当前教育评估领域对学生学习投入和成长最为完备的调查指标体系。经过汉化的中国大学生学习性投入调查具体指标如表 2-2 所示。

① 宋彩萍，吴素梅，姜传松．学生学习投入调查评估工具分析［J］．教育发展研究，2010（3）：73.

② CCSS 已形成大学生学情调查工具系列，包括：面向普通本科院校的绿色问题，面向应用型院校的黄色问题，对院校毕业生进行追踪调查的蓝色问题和专门为清华大学本科生进行全口径、全过程追踪研究的紫色问题。在 CCSS 指标中，既有反映院校整体学情的综合性分析指标，也有聚焦教育过程关键环节、可以帮助院系诊断课程教学问题的过程性指标，还有表现学生学习方式和风格的学习诊断指标。

表 2-2 中国大学生学习性投入调查具体指标

<table>
<tr><th>指标</th><th colspan="2">测量主要内容</th></tr>
<tr><td rowspan="11">学业挑战程度①（Level of Academic Challenge）</td><td colspan="2">1. 指定的教材或参考书的阅读量</td></tr>
<tr><td rowspan="3">2. 写作量②</td><td>长篇课程论文/报告</td></tr>
<tr><td>中篇课程论文/报告</td></tr>
<tr><td>短篇课程论文/报告</td></tr>
<tr><td rowspan="4">3. 课程强调</td><td>分析能力：某种观点、经验或理论的基本要素，了解其构成</td></tr>
<tr><td>综合能力：综合不同观点、信息或经验，形成新的或更复杂的解释</td></tr>
<tr><td>判断能力：判断信息、论点或方法的价值</td></tr>
<tr><td>实践能力：运用理论和概念解决实际问题或在新情境中的运用</td></tr>
<tr><td colspan="2">4. 活动频率：更加用功学习，达到课程或任课教师要求</td></tr>
<tr><td colspan="2">5. 一周用在课外学习上的时间（与课程学习相关）：去图书馆、自习室学习频数，听各类讲座或报告次数</td></tr>
<tr><td colspan="2">6. 就读的大学是否强调学生在学业方面要投入大量时间</td></tr>
<tr><td>主动合作学习度（Active and Collaborative Learning）</td><td colspan="2">1. 课堂上主动提问或参与讨论
2. 课堂上就某一个研究主题作口头报告（Presentation）
3. 课堂上和同学合作完成老师布置的任务
4. 课后和同学讨论作业/实验
5. 使用网络媒介讨论作业（如 BBS、QQ、网络学堂等）
6. 在课业上帮助或者辅导其他同学</td></tr>
<tr><td>生师互动水平（Student and Faculty Interaction）</td><td colspan="2">1. 和任课老师讨论分数或作业
2. 课外和任课老师讨论课堂或阅读中的问题
3. 学习表现得到任课老师及时的口头/书面反馈
4. 和任课老师讨论自己的职业规划
5. 和辅导员/班主任讨论自己的职业规划
6. 和任课老师一起参与课程以外的工作
7. 和任课老师讨论人生观和价值观等问题
8. 和辅导员/班主任讨论人生观和价值观等问题
9. 已做或者在毕业前做：课程要求之外，和老师一起做研究</td></tr>
</table>

① 从这一指标设计的具体题目来看，主要是测学校以及学生自身对自己学习行为的严格要求程度，所以，有时候也译为“学生的学习严格要求程度”。

② 强调所写课程论文或报告需要提出并论证自己的观点，充分寻求图书馆资源，和老师同学反复讨论，深入引证相关文献数据，简单呈现相关信息文献以及做实证性调研实验的程度。

续表

指标	测量主要内容	
教育经历丰富度（Enriching Educational Experiences）	活动频率	1. 与宗教观、政治观或人生观很不同的学生深入交谈
		2. 与城乡背景、民族背景和自己不同的学生深入交谈
		3. 使用网络媒介讨论或完成作业
		4. 一周花在课外活动中的时间
	已做或者在毕业前做	5. 实习、社会实践、田野考察
		6. 参与社区服务或担任志愿者
		7. 组织或参与某个社团或学习团体
		8. 坚持课程以外的语言学习
		9. 海外学习（短期或长期）
		10. 辅修第二学位/专业
		11. 参加各类学术、专业或设计竞赛
		12. 报考专业资格证书、技能等级证书等
	学校是否强调	13. 鼓励来自不同城乡、民族和家庭背景的学生相互接触
		14. 强调在学业中使用计算机
校园环境支持度（Supportive of Campus Environment）	学校是否强调与他人的关系	1. 组织各类集体活动，使你更好融入大学生活 2. 为你的学业提供支持与帮助 3. 帮助你应对人际关系或情感问题 4. 帮助你应对经济问题，如期完成学业 5. 与其他学生的关系 6. 与任课老师的关系 7. 与办公室行政人员的关系 8. 与班主任/辅导员的关系

这一工作也使尤厄尔成为随后广泛影响美国以及加拿大等国高校的全国学生参与问卷（NSSE）设计小组的负责人，NSSE 创始人 George D. Kuh 将其誉为 NSSE 的“教父”。

可以看出，NSSE 乃至 NSSE-China 指标体系包含了与学生在校经验相关的一系列教学领域问题，在美国高教界产生了广泛的影响。然后，美国高等教育管理系统中心（National Center of Higher Education Management Systems，NCHEMS）宣布将《本科教育良好实践指标》手册免费开放，为无力承担高昂研发费用的高校提供了合理的组织和制度建议进行质量检测，同时在高校开发过程中提供咨询和建议。由此，这本开放性的指导手册帮助美国许多院校建立起了以学生为中心的本科教育指标体系，促进了本科教育评估的发展，推动了本科教育的改革。从以上指标可以看出，教育教学质量的监测指标完全有别于传统的师资、科研论文数量、电脑设备、图书数量等硬件标准，而完全是从学生视角，对学生的学习过程、学习结果进行测评的。如包括学生每学年的写作能力和写作量、阅读能力和数量、对课堂资料和作业感觉挑战的学生比例、图书馆文献检索阅览百分比、可供学生选择的课程等。这一完全从学生学习细节视角进行的测量，充分发挥了帮助高等院校发现在教学制度、课程设置、学生管理、学校资源、教学方法等各个方面存在的问题，从而起到帮助改进、提高质量的作用。所以，《本科教育良好实践指标》很快就成为了提升美国本科教育质量的基石，成为了理论与实践结合的典范。国内学者也将它看成是以学生为中心的本科教育质量评价指标体系的典范①。

三、学生学习投入理论的重要启示

（一）学习必须要有足够的学业挑战度

NSSE 或 NSSE-China 把学业挑战度作为评价大学生学情的基础指标是有科学理论依据的，也是整个指标体系的灵魂所在。大量研究证明，有严格要求或适度挑战性的学习或称作为高阶学习有利于发展青春期大学生的大脑和有效培养其认知能力、理性思维与逻辑思维能力。

NSSE-China “学业挑战程度” 指标，既有量的规定，如教材或参考书的阅读量，去图书馆、自习室的频率，听各类讨论的次数等，更有质的考量，如写作量中有长篇论文/报告、中篇课程论文/报告、短篇课程论文/报告，以及教师教学中是否强调对学生分析能力、综合能力、判断能力、实践能力的培养等。学生从这些指标中可以清晰地知道怎样做可以收获更多，教师也会从中不断修正或努力提高课程教学胜任力，同时教学管理人员依据此指标来评价学生的学情也易操作。所以，我们一直认为 NSSE-China 指标体系更像一册本科教学指导书，对学生的学习、教师的教学和行政人员的管理均具有极强的指导意义。

① 岳小力，张晓鹏．构建以学生为中心的本科教育质量评价指标体系——试析美国“本科教育良好实践指标”手册［J］．复旦教育论坛，2009（3）．

（二）主动合作学习有助于提高学习质量

社会学研究表明，不同社会的同辈群体具有更多相同的意识和观念，但由于家庭背景不同、成长经历不同，同辈群体会对同一观点持不同的见解，而这些不同见解对同辈群体的启发甚至震撼是最大的。NSSE-China 依据社会学理论和学习理论，构建了自己独特的青春期同辈群体“主动合作学习程度”指标。

（三）高校评估理念要以学生的学习投入和成长为宗旨

从单纯的人才培养到人才培养、科学研究和社会服务并驾齐驱，人才培养作为高校核心职能的地位不断受到挑战，学生作为教育消费品购买者的地位不断被边缘化，其权利和权益等也随之被有意无意忽视。反映在教学质量评价上，就是重“教”轻“学”，重“物”轻“人”。而 NSSE 把学生作为评价焦点，一切指标围绕学生的学习和成长展开，对现行的高校教学质量评价理念进行了重大变革。从“学”的视角入手，以评价学生的“学”为中心，提高学生学习的质量和效率，从而达成教育的真正使命——培育人才，是 NSSE 评估工具背后所蕴含的核心理念和价值取向。NSSE 要求高校包括教学、管理和服务等所有工作在内，都要把焦点和人力、物力、财力转到服务学生的“学”上来，以“学”作为高校工作是否有效和有价值的唯一检验标准。高校教师和管理者要树立以学生的“学”为中心的理念，加强对学生个性需求特点和学习规律的研究，不断优化和改进教学管理、专业课程建设及其他软、硬件配套设施，这是 NSSE 不同于以往诸多评估体系的全新理念和特点。

在评价实践层面，国内外最有代表的评价模式主要有三种，即认证模式（Accreditation）、审核模式（Audit）和评审模式（Review）。无论是基于资格审定的认证模式、基于状况核实的审核模式，还是基于水平评价的评审模式，或者是五花八门的各类排行榜评价，不管是指标体系本身还是考察过程，都是指向教学工作，更关注教学中“教”的评价，学校声誉、条件资源、科研水平、专业与课程建设等是其关注的主要目标，出发点与归宿主要在教学中的“教”身上，而很少落实到学生的“学”上。

我们认为，教师的“教”应该以学生的“学”为中心。从本真意义上考察，大学是由教育消费品的提供者教师、教育消费品的购买者学生以及为教师和学生提供管理和服务的管理者围绕学生的“学”而组成的人员和制度集合体，学生的“学”及其收获即知识、能力和素质的增长是教学的核心目标。

NSSE 进行了理念创新，其中包含了很多互动指标，对教师完善自身工作具有重要的启示和价值。对教师而言，是否把学生由被动接受者转为教学活动的合作者，是否在课堂上给学生提供了积极提问或参与讨论、作口头报告和合作学习的教学设计环节，是否在课堂外引导学生合作学习、与学生探讨人生观和职业规划等第二课堂的学习内容，等等，这些方面是教师的“教”是否以学生的“学”为中心的重要衡判标准，是 NSSE 带给教师教学工作的重要启示。

（四）高等院校应该以促成全过程、闭环结构的教学质量诊断和改善体系为标矢

NSSE 对各院校具有重要的工具性价值。NSSE 的调查结果不是用来对各大学进行排名的，而是用来比较和改善的。NSSE 评价结果不仅可以用于同类院校之间的比较、同一院校内部不同学科专业的比较，而且可以进行国际比较。通过比较，可以发现本校学生在学习过程和学习结果方面存在的问题，了解学生在学习方面的投入情况及程度，学习的结果和学习过程与投入的关系，了解学校所提供的学习机会和活动是否充分以及学生是否有效地利用了这些教育资源，从而为院校加强自身工作的改进提供抓点和有说服力的数据。通过这样一种自我诊断，从教学、管理、环境等各方面制定干预措施，从而改善教学，提高质量。所以，NSSE 对于院校研究本身来讲，是一项重要的研究工具。同时，NSSE 和 NSSE-China 的测量工具和院校抽样过程中所使用的完全随机抽样法，以及学生在完全开放自由的环境中回答问卷，每个步骤都经过精心的设计和科学的检验。这种注重研究的科学性的方式方法对我们开展教学管理和研究工作都很有借鉴意义。

（五）基于学生视角构建高等教育质量保证体系的必要

基于学生参与度理论的高等教育质量评价体系实现了高等教育质量评价主体由传统的“学校主体”向“学生主体”的转变，真正体现了对高等教育“过程性指标”的关注，深入触及高等教育过程的核心要素，是一种有效的高等教育质量评价方法。我国高等教育质量评估的研究者和实践者应加强对学生参与基础理论的研究，真正建立并完善适应我国高校学生参与度的质量保证体系，开发出针对我国高等教育评估实情的普适性、通用性良好且信效度较高的测量工具，并将调查工具切实应用于高等教育评价的实践中去，建立全国范围内的高校学生体验数据库并计算国家级指标常模，这样不仅有利于各高校对学生学

习过程和学习成果进行有效监控，同时各高校也可与标杆院校和同水平院校进行标杆分析和对比分析，将本校学生的体验情况与其他院校学生的情况进行对比，促进高校改进自身的院校环境和政策制度，最终有利于我国高等教育人才培养质量的提升。

高等教育质量从很大程度上就是学生的学习质量、学生的收获和价值增值结果。通过改进学生学习过程获得良好的结果是高等教育质量保证体系建构中应充分考虑的要素。学生是认知的主体，是知识意义的主动建构者，教学过程中师生互动、学生积极参与等各个环节都决定了最终的教学质量。在高校中，学生是本科教育的作用对象，他们了解本科院校具体教学工作的第一手信息，院校只有重视他们的意见，聆听他们的心声才可能得到真实的数据。传统的对于高校声誉、资源等的描述性指标和终端评估指标虽然能够一定程度上反映院校实力，但是却无法直接体现学生学习积极性的调动情况。提倡以学生为本，开通学生问卷调查等渠道，挖掘过程性指标才能找到影响院校教学质量的症结所在，提升院校发展的动力。所以，在实际指标体系中体现出学生中心，在具体操作管理中发挥学生参与，是以学生为中心、以学生成才为中心的最好体现。

同时，我们还要加强以立法形式保障学生的参与权、开辟多种途径使学生参与制度化，为学生参与提供辅导和支持，探索学生参与多种渠道、路径和方法的道路。

总之，改进我国目前的高等教育质量观和评估体系，重视学生这一利益群体，建立以“学”为中心、注重教育过程的内在质量评价体系是质量保证活动发展的必然趋势。

第三章 一流本科教育的标准维度

我国一流本科教育建设有特殊的历史背景和现实需求，但也有对国际高等教育发展进程的借鉴与学习。2016年，教育部副部长林蕙青在《一流大学要办好一流本科教育》的讲话中就提到了美国在世纪之交的本科教育改革，尤其是斯坦福大学的《本科教育研究报告》。同样，教育部高等教育司司长吴岩在2017年11月18日召开的第十届“中国大学教学论坛”上做的《一流本科、一流专业、一流人才》的报告中，同样提到了斯坦福大学的报告。那么斯坦福大学到底有何魅力会吸引我国教育政策制定者的注意呢？原因在于该报告重新定位了高等教育的目标——回归本科教育。斯坦福大学校长在报告中说，斯坦福大学是一所伟大的教学与研究型大学，要像对待科研一样重视与支持教学，这不仅可能，而且很重要！以前关于本科教育的讨论都陷入了“把教育改革局限于如何重新安排船上的座椅，而不是对轮船的航向进行深思熟虑的讨论”的误区，新一轮本科教育改革的关注点不仅指向大学应该叫什么，还要关注大学应该怎么样教；同时要关注学生应该怎么学、学得怎么样。①

一、一流本科教育的标准维度研究透视

关于一流本科教育的理论研究与实践探索呈现出纷繁多样、难以驾驭的状

① 斯坦福大学21世纪本科教育的目标：掌握知识，强调知识的广度与深入的融合、专业教育与通识教育的融合，学生在接受专业教育的同时，要了解广泛的学科和空域；锻炼能力，包括有效的沟通能力、良好的写作能力、批判性的阅读能力、美学与审美能力、定量推理能力、历史思考能力、科学分析能力、丰富的创造能力等；多元的文化认同感和社会责任感，包括道德理解能力、对文化差异以及人类共性的欣赏能力、与不同特征的团队合作的能力、待人接物的宽容慷慨能力等；适应性学习，注意结合学生的新旧经验，让学生适应新的知识与技术环境，提供面临难以预料的挑战和机遇相匹配的教育。

况，也是仁者见仁、智者见智。

进入 21 世纪，一流本科教育的理论研究与实践探索呈现出蓬勃的发展势头。2009 年，王强、周刚、朱启超、仲辉等在研究国内外研究型大学本科教育的改革实践的基础上，总结提炼出了一流大学本科教育具备的六个基本特征：即精英教育的人才培养理念、高质量的生源、通识教育的课程体系、研究性的教学模式、高水平的教学队伍，以及严格的淘汰制度。[①]余东升在考察美国高校经验的基础上，针对本科教育评估“难中之难”现状提出了一流本科教育应该“评什么”的思想主张，提出“教育教学方法的改革才是提高本科教育质量的关键”，教育教学方法改革也应该成为“本科教育工作及其评估的重点”。[②] 王洪才、卢晓东、黄伟九等认为，我国一流本科教育的最大问题是培养目标不明确，建议从人格、学术、职业或“问题导向、需求导向和目标导向”等方面明确人才培养目标。[③]《斯坦福大学本科教育研究红皮书》就把“社会责任”和“自我适应学习”列为本科生发展的目标。

一些研究从教与学方面回应一流本科教育。加州理工学院教师发展中心推荐给该校老师们阅读的参考书《聪明教学 7 原理》，第二条重要原则就是“要了解学生知识组织方式”，“如果老师把课程都消化好了再交给学生，就等于剥夺了学生自己学习的机会”。[④] 赵炬明对教学设计和教学改进提出了 14 条建议，对推进一流本科教育很有助益。

知识窗：教学设计和教学改进 14 条建议

（1）经验获取和经验多元化作为教学设计的基本维度。

（2）环境设计和环境变换作为教学法设计的基本维度。

（3）把挑战学生、令其发挥最大潜力作为教学法设计的基本维度。

---

① 王强，周刚，朱启超，仲辉．一流大学本科教育的基本特征［J］．现代教育科学，2009（9）：46-50.

② 余东升．评估一流的本科教育：路径与价值——美国的经验及其意义［J］．高等工程教育，2012（3）：126-130.

③ 王洪才，李湘萍，卢晓东等．“推进一流本科教育，提高人才培养质量”的理念、路径与方法（笔谈）［J］．重庆高教研究，2019（1）：41.

④ 苏珊·安布罗斯．聪明教学 7 原理［M］．上海：华东师范大学出版社，2012.

（4）关注学生大脑能量供给问题。

（5）注意教学过程的节奏感，给学生留出思考与消化的空间。

（6）教学过程中注意调动学生情绪，使其主动参与学习。

（7）多样化重复作为教学法设计基本维度。

（8）课前阅读、课中讨论、课后作业作为教学法设计的基本原则。

（9）发展认知框架构建能力和认知框架整合能力作为教学法设计的基本维度。

（10）群体学习和团队学习作为教学法设计的基本维度。

（11）“学会”作为教学法设计的基本维度。

（12）教学生“学会学习”作为全校教学法训练的统一要求。

（13）所有课程教学把发展学生语言和思维训练作为教学法训练的统一要求。

（14）关注学生在学习与发展方面的个体差异性。

——赵炬明《打开黑箱：学习与发展的科学基础（上）》（2017）

美国心理学会“以学习为中心”的教学的 14 个原则

（1）学习过程的本质。当学习者能从信息和经验构建意义时，就能有效地学习复杂的专业知识。

（2）学习过程的目标。得到支持和指导的成功学习者，能够创造出有意义的知识陈述。

（3）知识建构。成功的学习者能把新信息和已有知识联系起来。

（4）战略性思维。成功的学习者可以创造并运用多种思维和合理战略来实现复杂的学习目标。

（5）高阶思考促进创造性思维和批判性思维的发展。

（6）学习受环境因素影响，包括文化、技术和教学实践等。

（7）学习动机受个人情绪、状态、信仰、利益、目标和思维习惯的影响。

（8）学习者的创造力、高阶思考和好奇心，都有助于激发学生的学习。

(9) 需要努力地学习和实践的引导，才能学会复杂的知识和技能。

(10) 当身体、智力、情感、社会状况等因素都发挥作用时，学习是最有效的。

(11) 学习会受到社会交往和人际交流的影响。

(12) 学习者会有不同的学习策略、学习方法和学习能力，这些是前有经验和遗传的结果。

(13) 当学习者在语言、文化和社会背景都发挥作用时，学习是最有效的。

(14) 设置适当的高标准和具有挑战性的标准。

——威廉·巴罗内教授

一些研究从教师视角研究一流本科教育。习近平总书记指出："教师是人类灵魂的工程师，是人类文明的传承者，承载着传播知识、传播思想、传播真理，塑造灵魂、塑造生命、塑造新人的时代重任。建设社会主义现代化强国，对教师队伍建设提出新的更高要求。"①

于漪

教师，一个肩膀挑着学生的现在，一个肩膀挑着国家的未来。今天的教育质量就是明天的国民素质。

一辈子做教师，一辈子学做教师。

——《于漪与教育教学求索》

原教育部高教司司长张大良对一流教师队伍与一流本科教育的关系进行过系统的论述，认为"没有一流的教师队伍，一流本科教育就是无源之水、无本之木。要建设'有理想信念、有道德情操、有扎实知识、有仁爱之心'的教师队伍，引导教师钻研教学，淡泊名利、潜心治学、追求卓越。要加大力度组织教师开展教学研究。教学团队、教研室等都是有利于提高教师教学水平和能力

① 习近平．教育是国之大计　党之大计［EB/OL］．（2018-09-11）．http：//paper. people. com. cn/rmrbhwb/html/2018-09/11/content_1880465. htm.

的组织形式，要因校制宜，积极为教师搭建研究教学工作、开展教学改革的平台，并提供政策与资金支持。要健全系统完备的教师培训制度。现在进校的新教师大都博士毕业，科研能力强，但又大都没有经过系统的教育教学理论、教学方法、基本教学规范和有关法律法规的学习训练，因此高校要建好教师教学发展中心，完善运行机制，加强教师尤其是青年教师的教学能力培养，青年教师不管职称高低，都要补上助教经历。要着力完善教师评价制度，完善教师分类管理和分类评价办法，积极引导教师加大对教学的投入，鼓励教师把科研成果转化为教学内容。要鼓励高水平教学团队编写高水平教材。一些学校在职称评定过程中，实行教学工作与科研工作、教研项目与科研项目、教学成果与科研成果、教学带头人与科研带头人一视同仁的办法，值得借鉴。要充分发挥名师的引领示范作用。会聚一批热爱教育事业、学术造诣深厚、教学经验丰富、具有国际视野的名师大家参与本科生教育教学，充分发挥名师在本科教育教学改革中的骨干引领和示范带动作用。还要及时总结宣传广大教师积极投身教育教学改革实践的先进事迹和成果，在高校推动形成以本科教学为责、为乐、为荣的文化氛围”。①

一些管理政策对一流本科教育也提出了自己的主张。如上海一流本科专业建设的主要任务，就是推进“五个一批”，即发展一批一流本科专业（研制一流本科专业教学质量标准、构建一流本科专业动态调整机制、发展契合需求的一流本科专业、深化实施拔尖卓越培养计划）、会聚一批一流教学师资（加强教师思想理论教育和政治引领、加快改革教师考核与评价制度、深入推进课堂教学改革）、落实一批一流教学资源（建立一流课程资源集聚共享机制、建立学生学习指导交流机制、强化创新创业教育和实践教学）、形成一批人才培养创新机制（建立通识教育与专业教育融合机制、建立多元的学生学业评价模式、建立与学分制相适应的管理制度、建立学生跨校跨学科跨专业学习支持机制、实施更为灵活的学习制度、建立教学质量监测保障制度、健全校内质量保障体系——构建“评估—反馈—改进”的闭环机制）、建设一批一流本科人才示范引领基地（鼓励高校以一个或若干个二级学院为单位，聚焦优势、特色的专业群，开展一流本科人才培养试验，探索招生考试、专业设置、教师评聘、岗位薪酬、经费管理、内部运行机制等综合性配套改革，建设一批一流本科人才示范引领基地）。

① 张大良．一流大学本科教学高峰论坛的发言［J］．中国高教研究，2016（6）：1-5.

张大良在厦门大学一流大学本科教学高峰论坛上也提出了评定高校是否办出一流本科教育的五个最基本、最核心的观察点：一是学校是否具有一流的师资队伍；二是学校是否有政策制度保障一流的师资配备到本科教育；三是学校是否把一流学科优势和一流科研优势转化为教学优势；四是学校的一流科研成果是否及时转化为教学内容；五是学校是否培养出一大批优秀创新创业人才。

一些权威的国际组织的标准框架对一流本科教育建设也不无借鉴意义。如AACSB的认证标准和EFMD的EQUIS认证标准（见表3-1、表3-2）。

表3-1 AACSB的认证标准

分类	序号	主要内容
战略管理标准	1	使命宣言：有指导决策的使命；使命来自各利益相关者；周期性地修改使命
	2	知识贡献：使命包含对知识贡献质量的关注
	3	人才培养目标：使命对所培养学生的服务领域有明确的陈述
	4	持续提高目标：认证项目能体现出优先并持续性投入和提高
	5	财政战略：具有适当且重组的资源以实现其使命和专业的财政战略
	6	招生战略：学院提供的商学学位课程有明确的入学政策，并与学校使命一致
参与者标准	7	学术标准和学生升留：有学生升留的学术标准；升留规定应与使命相一致
	8	教职员：有充足的教职员
	9	专业教师：师资配置应反映学校的使命和课程；学生都有机会获得具有合格资质教师的指导
	10	师资队伍建设：教职员工持续具备专业知识以完成使命，学校有明确的程序评估每个教职员工对使命的贡献；将教师划分为研究型和教学型两种类型
	11	师资队伍建设：学院应具有健全的规章以及沟通程序来管理和支持教师，使教师的职业生涯与学院的使命相一致
	12	教学管理职责：确保所有师生有足够的时间投入学习过程中；确保在学习过程中，师生之间有充分的联系和交流；设定较高的学术成就目标，并为其提供指导；评估教学效果及学生的总体成就；不断改进教学课程；教学创新
	13	教师责任：与学生和同事真诚相处；不断发展、充实自己的知识，掌握所教学科的前沿动态；使学生积极融入学习过程中；鼓励参与者间的协作与合作；确保对学生的表现做出经常的、及时的反馈
	14	学生责任：与教师和其他学生真诚相处；投入适当的精力和热情，认真学习；勇于接受学习中的各种挑战；在学习上帮助其他同学；达到教师设定的标准

续表

分类	序号	主要内容
学习保证标准	15	课程管理：有健全的规章来管理课程；课程管理应汲取各个方面的意见，包括教师、职工、管理者、学生、其他院系教师、校友以及用人单位等
	16	本科生学习目标：明确的知识和技能目标（基本知识和技能、管理专业以及/或特定学科的知识和技能）
	17	目标管理：本科学位课程必须提供充足的时间、内容覆盖、学生努力以及师生间互动以确保学习目标的实现
	18	综合管理硕士学位课程（如 MBA）：知识和技能（硕士学位的学习比本科教育更加具有整合性和跨学科性）
	19	专业硕士学位课程：知识和技能。参加硕士学位课程学习意味着不仅已具备本科学位的基本知识和技能，并且意味着达到一个更高的层次
	20	目标管理：硕士学位课程必须提供充足的时间、内容覆盖、学生努力以及师生间互动以确保学习目标的实现
	21	博士学位：知识和技能；博士课程培养学生在学术领域或实践领域能够从事高度专业化的职业；学生需展示出通过专业领域的原创性研究创造新知识的能力

表 3-2 EFMD 的 EQUIS 认证标准

序号	标准名称	内容	关键指标
1	背景、管理和战略	有清晰的使命，且全体成员了解并支持这一使命；有明确、可信、具有可持续性的战略，战略规划应该能合理反映学校的市场定位、资源能力和相关的制约因素	a. 环境；b. 机构地位；c. 管理；d. 宗旨使命、愿景和价值观；e. 战略定位；f. 战略方向和目标；g. 战略计划；h. 质量保障；i. 国际化；j. 企业连接
2	专业	改革专业并与国际接轨；专业设计和内容应当包括广泛的理论知识，并和国内外的现实商业和管理世界紧密相连；教学方法能保证学习效果和学习成果的实际应用	a. 项目组合；b. 项目设计；c. 项目内容；d. 技能获取；e. 项目教学方法；f. 学生评估；g. 项目评估；h. 国际化；i. 企业合作；j. 社会联系
3	学生	学校应该通过合适的选拔程序、进程管理以及服务保证学生的质量和就业质量；同时还应该努力建立一个平衡的、能够体现学生背景和国籍多样性的学生群体	a. 课程的准备和进程；b. 支持和咨询服务；c. 个人和职业发展；d. 道德和价值观；e. 职业定位和支持；f. 校友关系；g. 国际化；h. 企业联系
4	教职员工	核心教职人员即中坚力量的存在（最低人数定为 25 人），以确保学校的延续性、传承其传统和价值观	a. 教职人员规模、资格认证和组成；b. 教职员管理；c. 教职员发展；d. 国际化；e. 企业联系

续表

序号	标准名称	内容	关键指标
5	学术研究与发展	出色的研究能提高学校的知名度，提高吸引优质教职人员和优秀生源的能力，提高课程质量，提高吸引资金的能力以及提高为企业客户提供知识和新的管理方法的能力。总的来说，研究成果会帮助学校更好地实现其公共服务的目的并且更好地服务其目标市场	a. 研究活动；b. 发展和创新；c. 研发的国际特征；d. 研发和企业的联系
6	高层管理人员培训	高层管理培训应当被看作是加强学校与公司和组织联系的核心，应该通过从业经理人审视特色专业知识从而改进商业实践	a. 学校内部的定位；b. 产品组合；c. 市场营销和销售；d. 参与管理；e. 项目质量和影响；f. 教职人员；g. 研究和发展；h. 国际化
7	社会服务	学校应该清晰地认识到自己在所在地区、国家及国际社会担当“好公民”的角色，应该把提升道德行为和企业责任作为其教育目标的基本价值观	a. 与社会联系；b. 学生课外活动；c. 服务；d. 企业责任
8	资源及行政管理	应当有独立的财务能力，并能保持财务正常运转，所拥有的硬件设施能够为学习提供良好的环境，并支撑学校各方面的相关活动	a. 设备及学习环境；b. 财务状况；c. 财务管理系统；d. 信息及文件设施；e. 计算机设备；f. 市场及公共关系；g. 行政服务及管理人员
9	国际化	有明确的国际化发展战略和政策，教师、学生及研究的国际化应该列入学校战略，交换生、研究活动等多种培养方式是培养学生国际参与能力的基础	a. 国际化战略及政策；b. 国际化使命、管理、战略和当前运作的国际化程度；c. 教师及学生群体的国际化水平；d. 国际化活动；e. 国际学术联系单位；f. 与国际企业的联系；g. 与国际组织的主要联系；h. 研究及发展的国际化程度的简短描述；i. 过去五年中学校在国际化运作中的主要变化
10	校企合作	学校应该有明确的校企发展战略和政策。通过与企业世界的合作与联系，提高师生对商务管理知识的实际理解	a. 学校的校企战略及政策；b. 学校与企业世界联系核心手段；c. 校企合作的程度及特点；d. 校企合作经费；e. 与企业合作者的主要联系；f. 学校与企业联系的国际特征

从以上列举的情况看，高等教育管理者、教师、学生、学校乃至国家、用人单位、社会等均可以从自己的本位提出一流本科教育的维度标准，这给思考一流本科教育提供了很好的参考。

二、一流本科教育“四位一体”标准维度的建立[①]

管理大师德鲁克有句经典名言，即“如果不能测量，也就无法管理”。一流本科教育标准是评价、监测的依据，也可以视作一流本科教育建设的标准。因此，标准维度的构建对高等学校推进一流本科教育意义重大。

“新质量时代”的典型特征之一就是“学生的学业成绩仍然重要，但已经不是教育的全部价值追求”，这是在全面建设小康社会决胜阶段迫切需要树立与直面的重要问题。“坚持德育为先”全面发展的人才质量观应该成为新时代质量的核心价值追求。实践证明，中外人才质量观的理论与实践多集中于内部质量、微观质量或某阶段质量，但事实是影响人才质量的因素往往是外部的、宏观的、系统的。因此，构建与实践更开放、更宏观和全过程的本科人才质量观非常必要。我们试图从高校现代治理体系的视角，构建生源质量、培养质量、就业质量和发展质量四个维度于一体的一流本科教育标准维度。

（一）生源质量

研究与实践表明，生源质量是一流本科高校教学质量中最基本的起长远作用的影响因素，把生源质量视为人才质量观的逻辑起点并形成长期的、稳定的质量管理与调适机制，是建设一流本科教育的重要内容。华东师范大学社会调查中心连续发布的《中国大学录取分数排行榜》，就是基于客观数据的一份排行榜，对高等学校适时了解与分析自己的生源质量有重要参考价值。

一流本科教育应该面对复杂多变的形势与招生制度改革的社会背景，系统关注生源质量并及时调整管理举措，以确保生源质量的稳定。什么是好的生源质量？分数高就一定是好的生源吗？生源质量对高等学校而言，就是一个很重要的研究与实践领域。综观国内外高等学校的生源情况，可以发现其中确实存在着一些共性的东西，发达国家、一线城市、某些学科专业等对考生一直具有较强的吸引力；高分学生在大学期间的学业表现或者培养质量也常常与招生分数呈较高的正相关关系，但美国北科罗拉多大学蒙福特商学院的实践证明，以分数为依据的生源质量固然重要，但也不是绝对的。一些高水平研究型大学的

---

① 以下内容源自陈洁、宋彩萍、严大龙、朱龙艳、郝永林等主持的《“四位一体”本科人才质量观的实践探索》（获上海市 2017 年教学成果二等奖）。

本科生招生，并不把学业成绩视为录取学生的唯一标准。如哈佛大学还把做义工的表现、领导才能、课外活动中的特长以及工作经历等作为录取本科生的标准。哈佛大学认为，“高分并不能确保被录取，低分也不意味着落选”，其十分看重申请者的 15 个优秀品质，即好奇心、创造性、学业成绩、学业前景、领导能力、责任感、自信心、为人的热忱、幽默感、关心他人、活力、成熟、主动性、对挫折的反应、受老师的重视程度。① 总之，这些做法的意义在于确保自己能招收到最符合人才培养目标实现即最合适的生源，怎样招收到最适合自己的生源而不仅仅是高分生源，这将是高校推进一流本科教育的重大命题。

（二）培养质量

培养质量是学校的立身之本，指的是培养过程的质量，既有他比的内容，更多的是拿自己尺子量自己的内容。教育教学过程中是否充盈着高频率的“生师互动”“生生互动”是培养质量最核心也最关键的因素。

反映一流本科教育的培养质量有多个维度，如要求本科专业要具备清晰的专业定位、明确的培养目标和毕业标准，专业的培养方案中的关键即课程设置要充分体现对培养目标达成的支持程度，实践环节要着力保证学生创新创业能力的培养，专业核心能力培养的课程设置和教学支持条件要有明确的解读与有力的措施，等等。一流本科教育培养质量还要确保充分且有效的教学支持条件，特别是要有一流的教师队伍作保障，要有一支有情怀、有奉献精神、有专业精神、有职业操守的师资队伍，教师不仅要有良好的学科背景，学术研究活跃，还要能从管理层获得系统支持，用自己所学保证“以学生为中心”的教育教学理念落实到每个学生的身上。一流本科教育培养质量除了一些显性指标如教学成果、学生获奖等，重要的是要有较高的生师互动率，学生参与学习的主动性、积极性高，学生学业有挑战度，在学习中的获得感明显。清华大学本科教育学情调查报告表明，教师对学生的学习指导、职业规划、就业指导、心理辅导等的频率即生师互动程度如何，直接反映着教师和学生在本科教育教学中的投入，直接影响着高校本科人才培养质量。②

① 高瑞．哈佛大学本科生的招生标准及启示［J］．继续教育研究，2010（5）：139-141.

② 孙莱祥，宋彩萍，董雪静．高校本科专业评估实践指南：上海的探索与经验［M］．北京：高等教育出版社，2019.

（三）就业质量

就业质量直接反映了学校人才培养质量的高低，是学校人才输出的关键指标，也是学校社会声誉的重要组成部分。通过就业质量指标的系统分析，不断改革人才培养模式、教学内容与方式，也是一流本科教育系统的重要内容。

就业质量主要包括就业情况（就业率、月收入、工作与专业相关度、现状满意度、职业期待吻合度等）、社会需求情况（职业特色、行业特色、用人单位特色、区域贡献度等）、创新创业教育达成情况（自主创业现状等）和读研情况（国内读研比例、读研转换专业比例等）等多视角多维度内容①。从本科生就业质量视角完善与修正本科教育教学质量，已经越来越引起高等教育界乃至社会各界的广泛重视，就业质量已经被列入中国高等教育审核评估指标体系中。麦可思数据有限公司一年一度出版的《社会需求与培养质量年度报告》，就是分析高校本科人才就业质量的经典报告。很多高校已经开始了相关评价工作，但由于受人力物力等因素的制约，评价结果的信度与效度或者说影响力确实受到很大影响，现在越来越认可权威第三方的相关评价。《关于深化新时代教育督导体制机制改革的意见》指出："积极探索建立各级教育督导机构，通过政府购买服务方式、委托第三方评估监测机构和社会组织开展教育评估监测的工作机制。"高等学校对考研、就业情况进行深入系统的分析，对推进专业建设乃至一流本科教育的发展与调适具有重要参考价值。

（四）发展质量

发展质量指的是本科人才毕业半年后乃至中长期发展过程中在职业领域情况（职业行业流向、工作与专业相关度、岗位职称等）、职业发展情况（职位晋升、薪资水平、就业现状满意度等）、能力达成情况等方面的综合质量发展评价体系。②

校友是促进高校发展的宝贵资源，校友的作用不仅体现在捐资赠物上，更体现在促进高校的内涵发展上，本科人才发展质量的调查，就是让校友持续且深入关注学校内涵发展的一种有效方式。通过对校友毕业后特别是五年、十年的中期发展质量情况进行调研分析，有助于为学校管理层检测社会需求和培养

① 根据麦可思数据有限公司《社会需求与培养质量年度报告》相关维度指标整理而成。

② 根据麦可思数据有限公司《毕业生培养质量中期评价报告》整理而成。

质量的变化趋势，从而定期改革人才培养方案；有助于促进校友更加关注母校的发展，建立起校友参与母校人才培养工作的治理机制；有助于激励校友在求职和岗位应聘过程中发挥重要作用，让母校的品牌效应更加彰显。建立起良好的本科人才发展质量运行机制，对于应用型高校而言尤其重要。

集生源质量、培养质量、就业质量、发展质量于一体的高等学校本科人才培养质量体系的构建，充分体现出可测量、易实施的特点，在实践中也收到了良好的效果，对于高等学校推进一流本科教育不无启发意义。高等学校如果据此构建起一种更畅通、高效的管理运行机制，实践效果会更加明显。

第二部分

政策研究篇

第四章

1949~1965年：从百废待兴中探索精英教育

第一节　高等教育的价值定位与制度背景

一、高等教育的价值定位：培养政治精英与经济精英

中华人民共和国成立初期，百废待兴，需要完成政治革命和经济革命的双重任务。为了对应这一总体需求，高等教育需要培养大量的管理人才和经济建设人才，而高等教育的政策取向就蕴含了培养政治精英和经济精英的价值取向。

1948年，中共中央在河北省平山县西柏村召开了政治局会议。会上，毛泽东同志在报告中提出要发展党内民主，训练干部，提高理论水平，准备占领全国后的各方面工作干部，这为中华人民共和国成立后的教育方针指明了方向。而系统地对中华人民共和国成立初期的教育的性质、任务等作出明确规定的是1949年9月29日通过的《共同纲领》，其中对高等教育的政策是“加强中等教育和高等教育，注重技术教育，加强劳动者的业余教育和在职干部教育，给青年知识分子和旧知识分子以革命的政治教育，以适应革命工作和国家建设工作的广泛需要”。①

在这一现实性背景下，时任教育部部长马叙伦在全国教育工作会议上明确

① 中国教育年鉴编辑部．中国教育年鉴（1949-1981）［M］．北京：中国大百科全书出版社，1984：680.

强调：应该有计划有步骤地为工农青年大大开门，以期大量地培养新型的知识分子，作为我们国家建设的新的坚强骨干，这是中国新教育建设的工程中具有头等重要意义的工作，明确了高等教育的基本使命和任务，强调“给青年知识分子和旧知识分子以革命的政治教育”。在明确的政治取向指导下，高等教育进行了自身系统的体制改造、课程改造、理论改造和知识分子的思想改造。

经历三年的过渡时期后，中国又拉开了社会主义改造运动和工业化建设的帷幕。当时提出的“一五计划”具有“优先发展重工业、特别是优先发展国防重工业”的特点。为了更好地为工业化建设服务，教育部于 1952 年 5 月启动全国高等教育院系大调整。同年，《人民日报》发表社论《积极实现全国工学院调整方案》，阐明了院系调整要为国家工业化服务的重大意义。社论指出，旧中国遗留给我们的高等学校是半殖民地半封建社会的产物，它是适合于帝国主义和反动统治阶级的需要的。因此，这些学校并不能很好地担负起为新成立的中华人民共和国培养大批能够全心全意为人民服务的高级建设人才的巨大任务。而我们国家正在积极地准备走向工业化，要发展工业，就迫切需要大批的高级技术人才。

1952 年秋天，大规模的院系调整开始，仅用了不到两年的时间就基本完成了调整任务。高等教育院系调整为工业，特别是国防工业的快速发展培养了大量的对口技术人才和大批的急需专业人才，较好地适应了国家政治稳定和经济建设的需要。

二、重点高校政策：保障优质高等教育资源供给

重点高校是全国高校系统中起主要作用和关键性作用的高校。由于我国是人口大国，当时的经济社会发展水平十分有限，高等教育仍然是一种稀缺性资源。因此，建设重点高等学校意味着在资源的投入、人才的选拔上是有所倾斜的。于本科教育而言，相比一般高校，重点高校需要集中力量建设国家急需的高水平人才，并在本科教育质量与水平上起到示范作用。

中华人民共和国成立初期，我国共有高等学校 205 所，在校大学生约有 11.7 万人。高等教育规模虽小，但存在教育资源短缺、体系比较混乱、学校布局不合理、名称与分工不明确、科系宽泛复杂、管理不善以及教学质量参差不

齐等严重问题。[①] 为加快培养社会急需的人才，高等教育急需重新调整，合理利用有限的资源建设优质教育。1950年，周恩来在全国高等教育会议上提出了“整顿大学、形成重点”的方针。1952年，全国开始高等教育院系调整。周恩来对此指出“有重点地稳步前进不是不进和冒进，也不是有头并进。如果把摊子铺得很大，没有重点，形式上好像配合了国家建设，实际上却不是”。[②] 院系调整过程中，一方面将私立大学转为公立，另一方面形成了综合大学与专门学院、中央直属、部委高校和地方高校的格局。1953年，国家制定了“整顿巩固、重点发展、保证质量、稳步前进”的教育总方针。

1954年10月5日，高等教育部印发了《关于重点高等学校和专家工作范围的建议》，明确将中国人民大学、北京大学、清华大学、哈尔滨工业大学、北京农业大学和北京医学院列为全国重点大学。该决议指明了重点高校的任务：第一，必须培养质量较高的各级建设人才和科学研究人才；第二，为高等学校培养师资，包括研究生及进修教师；第三，在培养师资和教学工作、教学资料等方面给予其他学校以帮助。该决议还明确了重点高校的遴选标准：一是师资设备等条件较好；二是有苏联专家的指导和帮助；三是行政领导比较健全；四是教学改革有显著的成绩和经验。

1959年，中共中央发布《关于在高等学校中指定一批重点学校的决定》，指定北京大学、清华大学、北京工业学院、中国人民大学、天津大学、北京航空学院、复旦大学、上海交通大学、北京农业大学、中国科学技术大学、北京医学院、西安交通大学、上海第一医学院、华东师范大学、北京师范大学和哈尔滨工业大学16所高校为全国重点高校。同年，经国务院批准，在卫生部部属中国医学科学院开办中国医科大学，并确定为全国重点学校。随后，又增加了四所重点大学：中国协和医科大学、哈尔滨军事工程学院（国防科技大学+哈尔滨工程大学）、第四军医大学、军事通讯工程学院（现西安电子科技大学）。1960年10月22日，中共中央发布《关于增加全国重点高等学校的决定》，决定在原有的17所重点高校和三所军委所属高校外，增设吉林大学等44所普通高等学校为全国重点学校，至此，全国重点高校共64所。

在条件艰苦的情况下，按照重点和一般的原则建设一批重点高校，不仅利用了有限的教育资源，而且取得了显著的效果：重点高校依靠政策倾斜保护，

① 马陆亭．高等学校的分层与管理［M］．广州：广东教育出版社，2004：27.

② 周恩来教育文选［M］．北京：教育科学出版社，1984：79.

其办学经费、师资、设施设备、领导力量、生源都得到了充分的保证。因此，重点高校政策有利于集中力量办好一批高水平、高质量大学。重点高校在当时也起到了积极的示范作用，带动了其他高等学校的发展，高等教育的整体素质有所提高，本科人才培养质量也不断提高，在全国高等院校起到了示范与引领作用。

三、高等教育院系调整：提高规模和办学效益

中华人民共和国成立初期，学习苏联经验，实行高度集中的计划经济体制。加上当时国家经济建设对工业专门人才的需求，以及对知识分子的思想改造等原因，迫切需要对高等教育进行改造。从高等教育本身看，也存在诸多的弊端：缺乏有效的统一管理，有限的教育资源过度分散，造成浪费；教育布局严重失衡等，不仅区域分布不合理，办学层次也不当，而且在种类结构上也存在着工科院系比重小的问题，高等教育的数量和质量满足不了中华人民共和国成立初期的工业建设的需要。此外，由于当时的办学模式和学制不统一，管理混乱庞杂，而且办学规模小，规模效益低。高等教育存在的问题适应不了当时国家建设对高等教育和专门人才的需要，而且影响了高等教育质量，因此只有通过改革才能进一步促进发展。

1949 年，北京大学、清华大学、华北大学三校的农学院合并成立了北京农业大学；北京大学和南开大学教育系同时并入北京师范大学。

1950 年 6 月 1 日，第一次全国高等教育大会上，时任教育部部长的马叙伦指出“我们要在统一的方针下，按照必要和可能初步调整全国公私立高等学校和某些院系，以便更好地配合国家建设需要”。[①] 这是中华人民共和国成立后首次提出院系调整的任务。1950 年下半年，南京大学法学院的边政系被取消，社会学并入政治系，安徽大学的土木工程系和艺术系并入南京大学，南京大学医学院改属华东军政委员会卫生部领导，后改成第五军医大学，复旦大学生物系海洋组并入山东大学，四川国立女子师范学院与省立教育学院合并成为西南师范学院等。

与此同时，中国开始按照苏联的高度集权、高等教育国有体制和高度分工的专门教育体制来加强对高等教育的集中统一管理，将各高等学校的招生人数、

① 方晓东．高等教育政策研究［M］．郑州：大象出版社，2011：59.

专业设置、人事任命、学籍管理和课程设置等全部纳入政府的计划管理范围。① 1951 年，华东教育部决定以上海的私立大夏大学、私立光华大学为基础，筹建华东师范大学。1951 年，全国 21 所教会大学全部改组完毕。

1951 年 11 月，教育部召开全国工学院院长会议，会议通过了其之前与中央重工业部、染料工业部及其他部门的讨论方案，揭开了 1952 年院系调整的序幕。此次改革涉及清华大学、北京大学、浙江大学等高校。在调整的过程中，教育部拟定了改革的总方针，即“以培养工业建设人才和师资为重点，发展专门学院，整顿和加强综合大学”，提出了“及时培养供应各种建设事业所必需的高、中级干部和技术人才”的任务，指出这次调整的主要任务是发展专门学院，首先是工学院，重点是调整和加强综合大学建设。此次调整决定增加高等院校 95 所，其中高等工学院 50 所。随后，教育部拟定《关于全国高等学校 1952 年的调整设置方案》，仿照苏联模式，以华北、华东、东北三区为全国高校院系调整重点地区。

1953 年院系调整后，我国高等学校由 201 所减少为 182 所，高等学校院系庞杂、设置分布极不合理的状况得到有效改善。1955 年，我国再次掀起了历时两年的带有战略转移性质的高等学校院系调整。调整的原则是：沿海现有高等学校除因学校性质关系必须设在沿海城市，今后仍要适当发展外，其他学校不再扩建；接近沿海城市的学校，缩小发展规模，提高教育质量，并支援内地新建或扩建的学校；加强并适当扩大内地城市现有高校发展规模；发展规模一般保持在 4000~8000 人。对设置分散的专业适当集中。②

综上所述，我们认为院系调整对于中国高等教育的意义主要表现在以下两个方面：一是形成了中华人民共和国成立初期高等教育的基本格局，促进了高等教育的发展。院系调整以后，我国的高等工科教育基本形成了比较齐备的工科教育体系，改变了之前重文轻工的状况，使原来系科庞杂、培养目标不明确的高等教育转变为了分工明确、目标具体、种类专业比较齐备、完整和独立的高等教育系统，基本上适应了当时我国建立独立的工业体系和经济发展对专业人才和师资的需求，促进了我国高等教育的发展，也为经济建设和发展提供了可靠的人才。二是扩大了规模、提高了效益，实现了教育资源的合理利用。院

① 陈辉．1952 年中国高等院校的院系调整——“以苏联为师”的后果［J］．当代中国研究，2003（3）．

② 张应强，徐小洲．精英与大众：中国高等教育 60 年［M］．杭州：浙江大学出版社，2009：7.

系调整之后，高校平均在校生由中华人民共和国成立之初的 700 人扩大到了 1957 年的 1926 人。高校的规模扩大使得原来高校分散的教学设备和师资力量得以集中配置，实现了两者的结合，提高了教育资源的利用效率。

第二节　本科教育的目标：培养高级专门人才

这一阶段，高等教育对于培养什么样的人才进行了全新的、系统性的审视、反思与确立。

一、对通才培养目标的批判

中华人民共和国成立后，《共同纲领》对教育的性质及其任务指明了方向。纲领规定“中华人民共和国的文化教育为新民主主义的，即民族的、科学的、大众的文化教育。人民政府的文化教育工作，应以提高人民文化水平，培养国家建设人才、肃清封建的、买办的、法西斯主义的思想、发展为人民服务的思想为主要任务”。正是在《共同纲领》指引下，中华人民共和国成立初期的教育开始了自己的改革发展历程。

1949 年 12 月，中央政府召开了中华人民共和国成立后的第一次全国教育工作会议。在这次会议上，第一任教育部部长马叙伦在会上重申了中华人民共和国成立初期的教育性质以及教育工作的主要任务，他指出“中国的旧教育是帝国主义、封建主义和官僚资本主义统治下的产物，是旧政治经济的一种反映，是旧政治旧经济借以持续的一种工具。它提倡封建的、买办的、法西斯的思想，它是为帝国主义和封建买办的统治者服务的。现在随着帝国主义和封建买办的统治在中国宣告终结，中国旧教育的政治经济基础基本上被摧毁了。代替这种旧教育的应该是作为反映新的政治经济的新教育，作为巩固与发展人民民主专政的一种斗争工具的新教育。这种新教育就是新民主主义的，即民族的、科学的、大众的教育……我们要实施的这种新教育和旧教育是性质上完全相反的东西，是势不两立的，因此，我们对于旧教育不能不作根本的改革……这就是摆在我们全国教育工作者面前极其复杂艰巨的任务。”①

1950年12月，教育部在北京召开第一次全国教育工作会议，会上马叙伦再次指出，“新中国的教育应该是反映新中国的政治经济，教育应该培养新型知识分子”②。会议明确几点：教育必须为国家建设服务，学校必须向工农开放，发展教育工作的方针，应是普及与提高相结合；要以解放区新教育经验为基础，吸收旧教育某些有用的经验，借助苏联经验，建设新民主主义教育；创办人民大学，培养建设人才，这是完全新式的高等教育的起点，同时普遍创办工农速成中学，把工农干部培养成知识分子；等等。③ 从高等教育领域来看，按照这一任务，一方面需要对接管的大学进行改造，办成新民主主义的大学，另一方面需要对高等教育的布局结构进行调整，建立符合中华人民共和国成立初期社会经济建设需要的高等教育体系。

与此同时，思想层面也开始了对本科教育的反思与批判。1950年初，教育部副部长钱俊瑞在《人民教育》对新旧教育的区别发表意见，指出旧教育的基本特点是“理论与实际分家，学与用脱节”，“旧式大学所说的‘培养通才’，实际上往往培养出许多‘样样懂，样样不懂’的‘空才’，这是要不得的。”“我们必须坚决地克服它。我们各级教育工作者必须深刻了解新中国建设的基本方针，乃是从一个落后的农业国，建设一个现代的工业国；必须熟悉中国人民政府和中国共产党对国家建设的各项具体政策和重要步骤，然后将自己所擅长的业务，取其有利于人民建设的部分，去其糟粕的部分，并与这些方针、政策和步骤，正确地结合起来，来教育我们的青年；并且再进一步在新中国的实际建设工作中来考验自己的知识和技能，发扬长处，克服短处，再从别人身上学习新知识新技能，这样我们才能使我们的理论知识与建设的实际真正密切地结合起来。”④ 这篇文章在指出通才教育弊端的同时，也提出了中华人民共和国成立初期的教育目标。“新中国的教育必须是以科学基本知识为基础，然后在这个健全的基础上，按照分工，实行专业教育”。⑤同年，林汉达在《人民教育》上发表文章批判旧的通才教育思想，他认为一通百通是旧社会的高等教育，并且认为旧社会的通才教育形成的原因是：①半殖民地的旧中国不可能发展近代的

① 马叙伦．在第一次全国教育工作会议上的开幕词［A］//何东昌．中华人民共和国重要教育文献（1949-1975）［M］．海口：海南出版社，1998.

② 刘光．新中国高等教育大事记（1949-1987）［M］．北京：东北师范大学出版社，1990：5.

③ 刘光．新中国高等教育大事记（1949-1987）［M］．北京：东北师范大学出版社，1990：6.

④⑤ 杨志坚．中国本科教育培养目标研究（之三）［J］．辽宁教育研究，2004（7）.

科学和工业上的专门技术，就是有少数受过专业训练的技术人才，也因为政治上的腐败，不能发挥专业训练应有的作用。②由于学习迁移说的遗毒，就是所谓一通百通的迷信，读书人不去钻研适合实际的专门学问，但以笼统地提高文化知识为满足。③由于“劳心者治人，劳力者治于人”的封建观念跟科举意识，过去的知识分子不愿意动手，轻视劳动技术，把劳动技术跟科学理论看成是两个敌对的东西。一个普通大学自以为是培养“通才”的，实际培养出来的只是什么都能讲一点、什么都不通的庸人。

1950 年 4 月《人民日报》转载了斯大林 1928 年的演说，这样的转载无疑显示着斯大林讲话对建设新民主主义的中国是适用的，意味着对旧中国通才教育思想的批判与反思。

“现在我们不能只限于培养什么都会一点儿的一般的共产主义干部、一般的布尔什维克干部。一知半解和自以为是，现在对于我们是枷锁了。我们现在需要五金业、纺织业、燃料业、化学业、农业、运输业、商业、会计以及其他等等的布尔什维克专家。我们现在需要整批的成百上千的能在各种各样知识部门里精通一项的布尔什维克专家。没有这个，就不用谈什么我们会赶上和超过先进的资本主义国家。掌握科学，锻炼出一切知识部门的布尔什维克专家，学习、学习，最顽强地学习——这便是现在的任务。”①

——斯大林在苏联列宁共产主义青年团第八次代表大会上的演说

从 1952 年开始，随着向苏联学习热潮的逐步掀起，对通才教育思想的批判也逐渐升温。如《人民日报》发表社论说：“旧中国的高等教育制度基本上是为帝国主义和反动统治阶级服务的，是半殖民地半封建社会的产物。院校的设置是盲目的，是严重地脱离实际的。因此，院系重复、人力物力分散，教学效果很低。加以课程内容广泛笼统，只能培养出一些不切合实际的所谓‘通才’。这种‘通才’教育的结果，在旧中国就表现为‘学非所用’‘用非所学。’”②

① 中央教育科学研究所．中华人民共和国教育大事记（1949－1982）［M］．北京：教育科学出版社，1984：175.

② 黄启兵．我国高校设置变迁的制度分析［D］．南京：南京师范大学博士学位论文，2006.

教育部副部长曾昭抡在总结三年来高等教育存在的一些问题时说："由于过去长期受到反动统治的影响和资产阶级教育的熏染，高等学校的教师和学生中，也多少存在着反动思想的残余和资产阶级的腐朽思想，这些思想直接危害着高等教育事业和阻碍高等教育的改革。例如：一些教师存在着浓厚的崇美思想，盲目崇拜欧美，不愿虚心学习苏联的先进经验，因而在教育制度上坚持维持院系庞杂、发展方向不明的通才教育。"① 苏联专家福民认为，培养"通才"是资本主义国家的产物，因为"资本主义的生产是无计划的，资本主义国家中失业的现象很多，如果学生每一样都学到一些，毕业便容易找到职业。另外一个原因，就是资本主义国家是私有财产制，工厂、矿山掌握在私人手中，所以小企业特别多，它们希望聘请的工程师不是精于一门的专家，而是门门都能管的'通才'，这是资本主义制度反映在高等教育上的特点"。

二、专门人才的提出

那中国高等教育到底应该培养什么样的人才呢？马叙伦在第一次全国高等教育会议上曾明确提出要培养"具有高度文化水平，掌握现代科学技术的成就，全心全意为人民服务的高等建设人才"。这个培养目标后来在教育部给中央的报告中得到了进一步的说明，所谓的高等教育建设人才就是"以理论和实际一致的方法，培养具有高度文化水平的、掌握现代科学和技术成就的、全心全意为人民服务的、高级的国家建设人才"。而根据这个目标，一方面"必须努力克服脱离实际的教条主义的偏向"，另一方面又"必须进行系统的基本的科学理论知识的教育，必须进行科学研究工作，不断提高教师与学生的水平，以便掌握现代科学和技术的最新成就。因而必须防止轻视理论学习的狭隘实用主义和经验主义的偏向"。② 1950 年的《高等学校暂行规程》对建设人才做了进一步明确，即"具有高级文化、掌握现代科学和技术的成就、全心全意为人民服务的高级建设人才"。

从实际内容看，这个培养目标是一个充满辩证性的培养目标。它既提"专门教育"，又强调"普通的文化知识教育"；既反对"通才教育"，又反对"专

① 陈磊．新中国成立初期高等教育模式形成研究［D］．西安：陕西师范大学博士学位论文，2017.

② 教育部．第一次全国高等教育会议的报告［A］//何东昌．中华人民共和国重要教育文献（1949-1975）［M］．海口：海南出版社，1998：42.

才教育”或“过早专门化”。从培养目标定位的角度看，它既不是“通才”也不是“专才”，而是兼而有之的“建设人才”。这时虽有“专门人才”的提法，但这时的“专门人才”的内涵与后来的“专门人才”的内涵有很大的不同。从1951年起，随着国民经济的逐步恢复和开始向苏联学习，人们对本科教育“专门化”的要求越来越强烈，培养目标的定位也逐渐从“建设人才”向“专门人才”过渡。

1952年全面学习苏联，专业教育的模式得以迅速确立。当时人们认为学习苏联经验要大胆学，不要因为学的东西和中国的实际还有些脱离，没能立刻结合得好，就对学习苏联产生疑虑。要把苏联的经验和中国的实际结合得好是一个长期的实践过程、创造过程。只有大胆地学、彻底地学，在学习过程、实践过程，同时也就是消化过程、创造过程中，逐步建设起我们的新教育，逐步达到中国化。① 在这种“以俄为师”的思想下，大学教育全面苏联化。高等学校一方面进行“院系调整”、体制改革，另一方面同时进行以专业设置为中心的教学改革。正如曾昭抡所说：“从今年秋季起，经过院系调整，全国大部分高等学校的任务，即将逐渐明确起来。过去许多‘一揽子’的大学，将一变而成为具有确定目标与范围的高等学校，按其培养人才的范围，分为大学、多科性工学院、工业方面单科性的学院（如地质学院、钢铁学院、化工学院等）、农学院、林学院、医学院、财经学院、政法学院、师范学院、艺术学院等。这次院系调整的一个重要方面，在于有步骤地确定每个高等学校所设的‘专业’，使各校皆有明确的任务，集中力量培养某几行国家建设需要的专才。”

1956年5月，高等教育部颁发《中华人民共和国高等学校章程草案（试行）》明确规定：高等学校的基本任务是适应国家的社会主义建设的需要，培养具有一定的马克思列宁主义水平、实际工作所必需的基本知识、掌握科学和技术的最新成就和理论联系实际的能力，并且身体健康、忠实于祖国、忠实于社会主义事业和准备随时保卫祖国的高级专门人才②。这是中华人民共和国成立以后第一个规定本科教育人才培养目标是“高级专门人才”的法规性文件。

1961年，《高教六十条》明确指出：“高等学校的基本任务，是贯彻执行教育为无产阶级的政治服务、教育与生产劳动相结合的方针，培养为社会主义建

① 进一步学习苏联的先进教育经验［J］. 人民教育，1952（11）.

② 中央教育科学研究所. 中华人民共和国教育大事记（1949-1982）［M］. 北京：教育科学出版社，1984：168.

设所需要的各种专门人才。”具体要求是“具有爱国主义和国际主义精神，具有共产主义道德品质，拥护共产党的领导，拥护社会主义，愿为社会主义事业服务、为人民服务；通过马克思列宁主义、毛泽东著作的学习，和一定的生产劳动、实际工作的锻炼，逐步树立无产阶级的阶级观点、劳动观点、群众观点、辩证唯物主义观点；掌握本专业需要的基础理论、专业知识和实际技能，尽可能了解本专业范围内科学的新发展；具有健全的体魄”。①

至此，中华人民共和国成立后高等教育的培养目标确定为培养高级专门人才。1962年2月，教育部开始修订调整本科各科类专业的教学计划。7月，教育部下发了《教育部关于直属高等工业学校本科（五年制）修订教学计划的规定（草案）》。该规定（草案）提出：“修订教学计划应体现‘高教六十条’所规定的培养目标的要求。高等工业学校的毕业生，在学业上必须完成工程师的基本训练，即具有本专业所需要的比较宽广而巩固的基础理论知识；掌握运算、实验、制图和操作等基本技能；掌握一种外文，能够比较熟练地阅读专业书刊；具有一定的专业技术和组织管理生产的知识，对本专业范围内科学技术的新发展有一般的了解；具有解决一般的工程实际问题的初步能力，获得科学研究方法的初步训练。”② 同时，中央开始调整本科专业目录，对本科专业进行调整和修订。

第三节　本科教学改革：从专业到计划

为保证高等教育目标的顺利实现，需要对本科教学进行改革，改革的内容林林总总，涉及本科教学的方方面面，除了上文提到的院系调整以外，对教学计划、教学大纲与教材、专业设置等都进行了调整，以适应中华人民共和国成立后高等教育人才培养的需要。

---

① 中央教育科学研究所．中华人民共和国教育大事记（1949－1982）［M］．北京：教育科学出版社，1984：175.

② 中央教育科学研究所．中华人民共和国教育大事记（1949－1982）［M］．北京：教育科学出版社，1983：311－312.

一、专业设置调整

中华人民共和国成立初期的专业调整与院系调整是同步进行的。随着院系调整的全面开展，高校开始模仿苏联大学的模式，按照专业有计划的培养人才。“所有高校都取消了院一级设置，调整了系科，根据国家对建设人才的需要，结合各校资源的具体情况，普遍设置专业。”[①] 1953 年，我国在普遍设置专业的基础上，开始着手进行高等学校的专业调整。专业调整的原则是：高等教育建设必须符合社会主义建设及国防建设的需求，必须和国民经济发展计划相配合；学校的设置分布应避免过分集中，学校的发展规模不宜过大；高等工业学校应逐步地和工业基地相结合。[②] 经过调整，到 1957 年，全国高等学校有 323 种专业，其中工科 183 种、理科 21 种、农科 18 种、林科 9 种、医科 7 种、师范 21 种、文科 26 种、财经 12 种、政法 2 种、体育 2 种，艺术 22 种。调整后，文科、政法和财经学科的比例迅速下降。1947 年法商科在校生比例为 47.6%，到了 1957 年急剧下降为 9.6%。[③] 这次专业调整基本改变了我国高校原有的布局结构不合理、不能适应国民经济建设需要的状况，高校专业设置与国家的经济高度契合。

随着社会主义建设的推进，苏联社会主义建设模式的弊端日益暴露。中央决定突破苏联建设模式，独立自主地寻求适合我国实际需要的社会主义建设道路，在此背景下，高校专业设置进行了第二次调整。1956~1960 年，教育领域开展了一次大革命，实行以地方管理权力为中心的体制改革，将教育部和中央各业务部门主管的大部分高校下放地方，高校专业设置由地方政府自行决定。在“统一计划、分级管理”的体制下，高等教育出现急剧膨胀、专业范围不断窄化、高等教育系统呈现无序增长和混乱的状况。这影响了国家干部的培养，削弱了高等教育教学质量。为此，国家计划委员会和教育部携手共同修订高校专业目录。

1963 年 9 月，国务院批转了国家计划委员会、教育部《关于修订高等学校通用专业目录和〈高等学校绝密、机密专业目录〉的报告》。该报告确定的高

---

① 余风盛，董泽芳．高等教育 60 年回顾与展望［M］．武汉：华中师范大学出版社，2010.

② 廖茂忠．中国高校本科专业设置与发展研究［M］．北京：中国社会科学出版社，2017：2.

③ 中国教育年鉴编辑部．中国教育年鉴（1949－1981）［M］．北京：中国大百科全书出版社，1984：39.

等学校专业目录，是高等学校为国家培养各种专门人才的分类目录，也是高等学校专业设置的重要依据。本次专业目录的发布，旨在纠正 20 世纪 50 年代专业设置实践中存在的问题，为培养社会主义高级专门人才的目标达成提供依据。

二、教学计划改革

中华人民共和国教育部成立之后对大学课程问题极其重视，就此召开了一系列会议。1949~1950 年，教育部各课程小组制定了多种课程草案，且多数发布并实施。其中，中华人民共和国成立后的第一个统一的各系教学计划规定：文法两院暂用学分制，理科以学年制为基础，改革学分制建立学时制。这些多多少少表现出，中华人民共和国成立初期在改造旧教育时，教学计划仍带有民国时期的弹性化色彩，也没有完全废除民国时的学分制。1952 年，我国高校开始全面效仿苏联的教育教学理论与实践，教学计划的改革逐渐走进“全面苏化时期”。苏联的教学计划具有很高的统一性，与中华人民共和国成立初期对教学计划的改革要求具有较高的一致性，因而国家教育部要求新成立的中华人民共和国各院系需要参考苏联相同专业的教学计划，学习苏联的经验与精神，并自行拟定本院校的本科教学计划。当时为了学习苏联，更好地吸取苏联教学计划的设置经验，学者、教育工作者等翻译了大量的苏联教科书教学材料。1952 年，高校开始进行院系调整，根据苏联高校按照专业来系统培养国家人才的办法，全国高校各院系逐渐实施了一致的教学计划。1952 年、1953 年相继完成了综合大学的文理科专业以及高校的工科、农林类、政法类、外语类艺术类专业教学计划的制订，并且改学分制为学年制。

值得注意的是，1957 年 6 月 6 日，高等教育部总结过去几年制订教学计划的经验教训，规定现行的统一的教学计划更改为参考性文件，今后各高校根据教育部制定的各个专业的教学计划原则，来自行制订与执行教学计划。

1958 年，全国掀起教育革命的热潮。同年 8 月，各地高校对于教育部颁发的教学计划进行修改补充，理科、工科等院校系统理论课程被削弱，科学研究、生产劳动、社会活动等课程大大增加。

1961~1965 年，国家开始探索自己的教育发展道路，在教学改革中尤其重视高校理科教学，在教学计划安排上，重视基础理论课的教学和基本技能的训练，并且在此期间修订了教学计划，强调教学的重要性，教学计划要求坚持以教学为主，须处理好教学、科研和劳动的关系，要保证学生基础理论与专业知识学习的同时重视实践教学的训练；强调减轻教师与学生的负担，减少总的学习时间与一周的学习时间；强调教学计划要遵循因材施教、统一性和灵活性相结合的原则来进行制订，课程设置更加具体、明确。

三、教学内容改革

1950 年，教育部下发《关于实施高等学校课程改革的决定》，对高等学校的课程做出了规定：须进行有计划的改革，理论与实际相联系；须克服教条主义，要与建设社会主义国家事业实际相结合；还应该防止过分实用主义的偏向，忽视理论学习。同年，教育部发表高等学校文、理各五个系、法学院四个系、工学院六个系的《高等学校课程草案》和《高等文法两学院各系课程草案摘要》，草案在“培养高级建设人才”的目标指导下，对文、法学院的课程安排提供了参考。

1951 年，根据《高等学校教材编审委员会暂行组织条例》，教育部必须遵循教材编写规律，运用科学合理的方式方法，来编订高校学生适用的且大家所需要的教科书等教学材料，这是实施教材和课程改革的基本条件，《条例》中的相关规定推动了我国高校教材的改革。

在教学内容上，废除政治上的反动课程，肃清封建的、买办的、法西斯主义的思想，开设新民主主义的、革命的政治课程，发展为人民服务的思想。高等学校各个院系、专业的课程，与国家社会主义建设的需要保持紧密联系，理论知识具有专业性，重点突出，关注各学科之间的内在关系，防止知识的割裂。中华人民共和国成立之初，我国积极对旧教育进行改造接管，由此可以看出中国改变旧教育的决心，这是在高等学校学习苏联前我国自己提出的改革措施，在当时有着重要的意义，体现出了中华人民共和国成立初期关于高等教育的指导思想。①

1952 年开始，高等学校全面引进苏联教材。1953 年，《人民日报》发表社论《高等学校教学改革应当稳步前进》，指出：以学习苏联先进教学经验为主要内容的教学改革，在全国高等学校进行……今后教学改革应遵循……对于已经决定采用苏联教学大纲和教材，要根据国家建设的需要，在苏联专家指导和

① 郝维谦，龙中正．高等教育史［M］．海口：海南出版社，2000：72.

帮助下，由教育部主管部门和教师共同缜密研究。[①] 在引进苏联教材的同时，如何研制和编写我国自己的高等教育教材成为一个现实性问题，这一问题引起了社会各界的关注。

1953 年，高等教育部召集北京、天津的高校讨论、研究和修订了数学、物理等七类课程的教学大纲，在规定教学范围、明确教学重点和目的的同时，结合我国实际情况，对教学内容做了必要的增加和精简。1954 年，第二次全国综合大学文史教学座谈会上，教育部要求根据统一的教学大纲编写教科书。

1958 年，以“大跃进”为背景，由教育领域掀起的“教育革命”全面发动。同年，《关于教育工作的指示》曾指出，将高校生产劳动列为正式课程。许多高等学校，打乱原有教材编写的秩序，采用“师、生、工人”三结合的办法，在“大破大立”的指导思想下予以修订，集体短期突击，一些教材甚至完全由学生自己编写，严重地削弱了基础理论知识，教材质量很差，多数未被采用。

针对学生编教材的问题，1959 年，中共中央批转了教育部党组《关于高等学校学生编写讲义问题的意见》，指出学生的主要任务是学好学校所规定的各种课程，时间、精力主要用在学习功课上，编写讲义主要是教师的责任。1961 年，高校开始贯彻实施“调整、巩固、充实、提高”八字方针，中共中央专门召开会议，探讨解决高等学校的教材困境，并做出相关决定，提出解决教材问题有两个步骤，第一步是先解决教材有无的问题，第二步是逐步提高教材的质量，即先有能使用的教材，后逐步追求教材的质量。中央还决定，现有教材的编订应该“先立后破”，要在党的领导下，各方面的力量团结合作，分工明确，一同有计划地进行教材建设工作。“到 1964 年，理、工、农、医各科共修订了 39 种原有的通用教材，新编或翻译出版了通用教材 564 种，供应学校通用教材达 3603 种”。[②] 文科教材方面，1961 年教育部设立了临时文科教材编选工作办公室。1963 年，教育部将临时机构文科教材编选工作办公室改名为文科教材编审工作办公室。在两年的时间里，文科教材共编选了 73 种，187 本。新教材经过使用，普遍反映比过去各校自编教材的质量有了显著提高。[③]

1961 年，中共中央颁发的“高校六十条”，强调高等学校必须以教学为主，

① 刘光．中国高等教育大事记（1949-1987）［M］. 长春：东北师范大学出版社，1990：45.

② 熊明安．中国近现代教学改革史［M］. 重庆：重庆出版社，1999：433.

③ 刘光．中国高等教育大事记（1949-1987）［M］．长春：东北师范大学出版社，1990：210.

强调教学的重要性，同时指出在教育教学中，必须发挥教师的主导作用。所以这时，课堂讲授法是最基本的教学方法。另外“高校六十条”还强调减轻教师与学生的负担，给学生一定的自由，加强学生自学，根据学生的兴趣，教师教学中进行因材施教，并且倡导同伴之间互相帮助、互相探讨。“高校六十条”的制定与试行，在一定程度上纠正了 1958 年教育改革中的一些错误，教育教学效果都有所好转。

第五章
1966~1976年："文革"时期的本科教育

第一节 历史背景

1966年5月，中央政治局扩大会议和8月八届十一中全会相继通过了《五·一六通知》（以下简称《通知》）和《关于无产阶级文化大革命的决定》（以下简称《十六条》）。《通知》提出"高举无产阶级文化大革命的大旗，彻底揭露那些反党反社会主义的所谓学术权威的资产阶级反动立场，彻底批判学术界、教育界的资产阶级反动思想"，指出这"是一场你死我活的斗争"。[①]《十六条》强调要"'敢'字当头"，"充分运用大字报、大辩论这些形式，进行大鸣大放……揭露一切牛鬼蛇神"。[②] 在阶级斗争思想的影响下，全国掀起了疾风骤雨式的政治运动。在这一过程中，教育首当其冲受到攻击和毁坏，各种怀疑和极端的政治本位价值取向导致教育全面走向滑坡。

首先，是对教育与知识的全面怀疑。这种怀疑基于两个方面的判断，其一是教育必须为无产阶级政治服务，高校应该成为无产积极革命的基本场所，其二是中华人民共和国成立后的十七年教育史基本被看成是"资产阶级的统治"。在《十六条》中提出要"彻底改变资产阶级知识分子统治我们学校的现象"，"改革旧的教育制度，改革旧的教学方针和方法"。

其次，教育服务无产阶级斗争的追求。在全面否定中华人民共和国成立初

① 刘光．中国高等教育大事记（1949-1987）［M］．长春：东北师范大学出版社，1990：230.
② 刘光．中国高等教育大事记（1949-1987）［M］．长春：东北师范大学出版社，1990：231.

期的教育成就的同时，教育系统内部的斗争不断升级，教育必须为无产阶级服务成为这一时期教育活动的主要内容。

第二节　高校教育发展的停滞

受“文化大革命”的影响，高等教育发展全面停滞。首先，高等教育管理机构被夺权，部队和工宣队进入高等学校。1967 年 1 月 19 日，中央教育部印章被抢，办公室被占领，管理工作全面陷入停顿。与此同时，军队、工宣队、红卫兵等各个群体相继进入高等学校。其次，高等学校全面停止上课，学生卷入政治活动。再次，高等教育十七年的发展遭到否定。在“文革”期间，一些高等学校提出了各种各样的“教育革命方案”，进行了名目繁多的实验，全盘否定了中华人民共和国成立以来的高校教育制度、人才培养方式等。最后，高校统一招生制度被废除。1966 年 6 月 13 日，中共中央、国务院颁布《关于改革高等学校招生工作办法的通知》，认为“高等学校招生考试办法，解放以来虽然不断地有所改进，但是基本上没有跳出资产阶级考试制度的框框，不利于贯彻执行党中央和毛主席提出的教育方针，不利于更多地吸收工农兵革命青年进入高等学校，必须彻底改革”。① 因此需要时间来研究和制定新的招生办法。受“文革”影响，高校停止招生工作。1968 年 7 月 21 日，毛泽东同志发表指示：大学还是要办的，我这里说的是理工科大学还要办，但是学制缩短，教育要革命，要无产阶级政治挂帅，走上海机床厂从工人中培养技术人员的道路，要从有经验的工人、农民中间选拔学生。受这一指示影响，高校招生从 1972 年恢复招生，但是实行“自愿报名、群众推荐、领导批准、学生复审”的办法。

第三节　高校人才培养制度的扭曲

作为“文化大革命”的重灾区，高等教育被彻底摧残，学校遭到彻底破

① 杨晓明．高等教育政策问题研究［M］．郑州：大象出版社，2011：167.

坏，在开展教育革命的同时，少数高校招了几届学生，但是人才培养模式被扭曲。

首先，从培养目标看，培养阶级斗争的战士成为高校的任务。1970 年中共中央批转了《北京大学、清华大学关于招生（试点）的请示报告》，十分明确地规定培养目标是“有文化科学理论，又有实践经验的劳动者”。农业院校的培养目标是“培养有社会主义觉悟有文化的新农民”。高等学校成为培养工人、农民的训练场。一批“七·二一”大学出现，对职工实行半工半读或业余短期培训、技能教育，培养目标是提高职工的技术水平与业务水平。这时的高校已经失去了培养高级专门人才的性质，成为初中级人才训练场，要培养“阶级斗争的战士”。

其次，从招生看，学生被举荐上大学，不用参加文化考试，甚至交白卷也可以上大学，学员大多数不具备接受高等教育的文化基础，难以完成大学学业。例如，1970 年清华大学、北京大学、北京航空学院等七所院校试点招收工农兵学员，新生中高中文化程度仅占 21%，初中文化水平占 78%，甚至还有 0.6% 只有小学文化水平。

第六章

1977～1995年：规模控制与初步创新

第一节　高等教育发展的价值定位与制度背景

一、高等教育“政治论”的反思

1978年底，中共中央召开了具有深远历史意义的十一届三中全会，经过指导思想上的拨乱反正，纠正了“左倾错误”，重新确立了“解放思想、实事求是”的思想路线，果断摒弃了“以阶级斗争为纲”的错误口号，提出了“实行改革开放，集中力量进行社会主义现代化建设”的伟大口号，全党工作重心从以阶级斗争为纲转向以经济建设为中心。

于教育而言，如何拨乱反正？首先要对中华人民共和国成立后的教育进行反思与评价，对“文化大革命”对教育的冲击和影响有正确的认识。1979年3月，中共中央撤销了“四人帮”炮制的《全国教育工作会议纪要》，推翻了“两个估计”，为正确总结、评价我国社会主义教育事业的成就和问题，为教育的进一步发展奠定了思想基础和政策环境。从高等教育来看，1977年，邓小平召集了30多位专家和学者，就当时的教育焦点问题进行反思和讨论，包括高等教育的招生制度、教育质量等问题，这些建议引起了改革开放总设计师邓小平和中央的重视，为推动高等教育理念的反思和重建起到了积极的作用。

在这一过程中，高等教育领域的专家和学者不顾当时依然存在的“左倾”压力，对高等教育理念开始反思和讨论，重点是对以苏联为师和“文化大革命”期间的高等教育策略和指导方针进行评价。如南京大学的胡福明在《光明日报》发表的《实践是检验真理的唯一标准》；朱九思、刘道玉等在各自领域对大学开展的反思。在反思的过程中，基本上达成了两个方面的共识：其一，对“文革”时期对知识分子的种种污蔑及其对高等教育的影响进行了纠正。其二，突破了以苏联为师的大学办学模式的束缚。高等院校的功能、与社会发展的关系等被重新审视，在此基础上一些新的大学办学模式出现，并催发了高等教育办学体制的改革。

二、“经济论”高等教育发展理念的确立

高等教育在反思“政治论”理念的同时，确立了“经济论”发展道路。1977 年，邓小平发表《关于教育工作的几点意见》，支持高等院校要从事科研活动，以及坚持两条腿走路的方针。1979～1980 年教育部召开了两次科学与教育工作座谈会，会上确立了教育为社会主义现代化建设服务的战略地位和发展方向。1982 年 9 月，胡耀邦在中国共产党第十二次全国代表大会上作了《全面开创社会主义现代化建设的新局面》的演讲，要求教育参与到科学技术现代化的事业中，加强基础研究重视应用研究，做好科技项目的攻关等。1983 年，《国务院批转教育部、国家计委关于加速发展高等教育的报告的通知》，指出“各条战线和地区都深感专门人才缺乏，迫切要求教育先行，为国家早出人才，多出人才。因此，加快高等教育事业，已经成为刻不容缓的大事”。同时，《通知》强调要加快扭转教育同国民经济和社会发展不相适应的局面，加速加快高等教育发展，为四化建设培养和输送数量较多、质量较高的各级专门人才。[①]在这一背景下，经济论取代政治论成为我国高等教育发展的核心要义。

受“经济论”理念的影响，我国各级政府和各式高校充分发挥了积极性和主观能动性，创造出了一系列充分体现改革开放政策的新的高校办学模式，为新时期高等教育发展注入了新的活力。“中心城市大学”模式、中央部委和地方政府“联合办学”模式、某些重点高校的“教学、科研生产联合体”办学模式等不断出现。以“中心城市大学”模式为例，该模式出现于 20 世纪 80 年代初期的广东和福建沿海城市，包括汕头大学、佛山大学、惠州大学、东莞理工学院、五邑大学、孙文学院、韶关大学、嘉应大学等 10 所城市大学，这些高校

① 张应强．中国教育改革 40 年·高等教育［M］．北京：科学出版社，2019：42.

在短时间内相继建立，突破了几十年计划体制下形成的中国传统大学的模式。①这种新的办学模式的突破主要表现在两个方面：一方面是办学主体的改变，另一方面是办学机制的创新。

与这种新的办学模式相伴随的是民办高等教育的发展。1987 年，国家教委发布的《关于社会力量办学的若干暂行规定》提出，在解决教育资源投入不足的问题上，支持民办高等教育的发展。1992 年，邓小平在南方谈话中解决了市场经济姓“资”还是姓“社”的问题，这给民办高等教育的发展提供了更加广阔的舞台。民办高等教育的发展是经济论高等教育的直接产物。

当然，经济论高等教育理念最重要的表现就是高等教育产业化的出现。1992 年 6 月，《中共中央　国务院关于加快发展第三产业的决定》把教育事业明确列为第三产业，而且视其为“对国民经济发展具有全局性、先导性影响的基础行业”。在“谁投资、谁所有、谁受益”的产业发展原则下，“以教育消费拉动经济内需从而带动相关产业发展的思想进入了教育政策层面，大量民间资本纷纷进入教育产业，各级政府在对待教育产业的态度上明显放开”。② 党的十四大报告提出，鼓励多渠道、多形式的社会集资办学和民间办学，要改变国家包办教育的做法。在相关政策的驱动下，为满足公众日益增长的教育需求、缓解办公经费紧张的局面，我国高等教育走上了产业化发展的道路。

三、高等教育管理体制的改革

伴随着改革开放的施行，以及经济、政治、科技管理体制的改革，高等教育管理体制改革成为国家治理体系改革的一项重要内容。

1979 年，中共中央批转了教育部《关于建议重新颁发〈关于加强高等学校统一领导、分级管理决定的报告〉》，我国开始在全国高等学校中恢复统一领导、分级管理的管理体制。1981 年，全国共有高等学校 704 所，由教育部直接领导的有 38 所，由国务院其他部委领导管理的有 226 所，由省、市、自治区领导管理的有 440 所。统一领导、分级管理高等教育管理体制的恢复，促进了高等事业的发展。但是，随着经济体制改革的不断深入，这一管理体制的弊端也日益暴露出来，主要表现为中央有关部门对一些具体事务管得过多，不利于发

① 秦国柱．中心城市与大学发展［M］．北京：中国社会科学出版社，2006：14.

② 陈先哲．我国社会第二次转型与高等教育秩序重建［J］．高等教育研究，2012（1）.

展地方的积极性；对高等教育管理得过死，导致学校缺乏应有的主动性和活力。1984 年 10 月和 1985 年 3 月，中共中央先后颁布了《关于经济体制改革的决定》和《关于科学技术体制改革的决定》，直接驱动着教育体制的改革。1985 年，中共中央颁布了《关于教育体制改革的决定》。

《关于教育体制改革的决定》的基本精神：

（1）高等教育体制改革的关键，是改变政府对高等学校统得过多的管理体制，在国家统一的教育方针和计划指导下，在加强国家对教育的宏观管理的原则下，扩大高等学校的办学自主权，加强高等学校同生产、科研和社会其他各方面的联系，使高等学校具有主动适应经济和社会发展需要的积极性和能力；

（2）改变高等学校全部按国家计划统一招生，毕业生全部由国家包下来分配的办法，实行国家计划招生、用人单位委托招生和在国家计划外招收少数自费生三种办法；

（3）为调动各级政府办学的积极性，实行中央、省（自治区、直辖市）、中心城市三级办学的体制；

（4）为了加强党和政府对教育工作的领导，成立国家教育委员会，负责掌握教育的大政方针，统筹整个教育事业的发展，协调各部门有关教育的工作，统一部署和指导教育体制的改革；

（5）鼓励各民主党派、人民团体、社会组织、离退休干部和知识分子、集体经济单位和个人，遵照党和政府的方针政策，采取多种形式和方法，积极自愿地为发展教育贡献力量。

为了贯彻《关于教育体制改革的决定》的精神，加强和改进对高等教育的宏观指导和管理，扩大高等学校的管理权限，1986 年 3 月，国务院颁布了《高等教育管理职责暂行规定》，进一步明确了中央和地方对高等教育的管理职责：国家教育委员会在国务院的领导下，主管全国高等教育工作；国务院有关部门在国家教育委员会的指导下，管理其直属高等学校；省、自治区、直辖市人民政府管理本地区内的高等学校。同时要求扩大高等学校管理权限，增强高等学校适应经济和社会发展需要的能力。

1992年邓小平“南方谈话”后，我国加快了改革开放的步伐，党的十四大确定了我国经济体制改革的目标是建立社会主义市场经济体制。为适应改革开放和现代化建设的需要和社会主义市场经济体制和政治、科技、文化体制改革的要求，1993年1月，国务院批转的《国家教委关于加快改革和积极发展普通高等教育的意见》指出：“高等教育管理体制的改革方向是，逐步实行中央与省（自治区、直辖市）两级管理、两级负责为主的管理体制。”同年，中共中央、国务院印发了《中国教育改革和发展纲要》，指出：“随着经济体制、政治体制和科技体制改革的深化，教育体制改革要采取综合配套分步推进的方针，加快步伐，改革包得过多、统得过死的体制，初步建立起与社会主义市场经济体制和政治体制、科技体制改革相适应的教育新体制”。文件还指出高等教育体制改革的目标，主要是解决政府与高等学校、中央与地方、国家教委与中央各业务部门之间的关系，逐步建立政府宏观管理、学校面向社会自主办学的体制。1995年7月，国务院办公厅转发《国家教委关于深化高等教育体制改革的若干意见》，在肯定高等教育管理体制改革取得进展的同时，指出高等教育体制改革的进程仍然滞后于经济体制改革与社会发展，与社会主义市场经济体制的建立不适应，必须抓好高等教育管理体制的改革。该意见提出：高等教育管理体制改革的目标是，争取到2000年或稍长一点时间，基本形成举办者、管理者和办学者职责分明，以财政拨款为主多渠道经费投入，中央和省、自治区、直辖市人民政府两级管理、分工负责，以省、自治区、直辖市人民政府统筹为主，条块有机结合的体制框架。按照这一框架，国家教委和中央业务部门继续办好一些骨干学校，以及一些行业性质比较明显的学校；一些专业性强、地方建设需要的学校则转为地方政府主管；积极推进中央与地方共同建设和管理的改革试验，淡化学校单一隶属关系观念，拓展学校的服务面，加强条块结合；积极开展多种形式的办学试验，开展学校合作，实现资源共享、优势互补；鼓励社会积极参与高等学校的办学与管理，加强学校与企业、科研单位的联系。①

经过这一段时间的改革，淡化了学校的单一隶属关系，加强了省级人民政府的统筹，变条块分割为条块的有机结合。

① 王英杰，刘保存．中国教育改革开放40年［M］．北京：北京师范大学出版社，2019：135.

第二节　本科教育的培养目标：恢复与调整

一、以“专门人才”培养为主导目标的恢复

粉碎“四人帮”后，高等教育在“调整、改革、整顿、提高”的方针指引下，以整顿恢复为主，高等学校人才培养目标逐渐恢复到以“专门人才”培养为主导。在人才培养模式上，邓小平针对“文革”中“知识越多就反动”等谬论，提出要培养“有理想、有道德、有文化、有纪律”的“四有”新人的总目标，对高等教育具有重大的指导意义。这一时期，高等教育的人才培养还是突出专业教育，1978 年国务院转发了教育部《关于恢复和办好全国重点高等学校的报告》，该报告提出要尽早培养出又红又专的高质量人才。同年，《高教六十条》开始修订，新出台了《新高教 60 条》即《全国重点高等学校暂行工作条例（试行草案）》，文件根据新时期的总任务、新情况和新经验修订而成。① 这个草案重新肯定了高等学校的培养目标是培养各种“专门人才”，而不是普通劳动者。当然，这一目标也加上了新时代的要求，即“培养分析问题、解决问题的能力，比较熟练地运用一种外国语阅读专业书刊”的规格要求。

根据这种培养目标的要求，从 1978 年到 1980 年，本科教育的文、理、工、农、医等各科类专业，均根据各学科专业的实际情况提出了自己的具体目标。各个学校也陆续提出了自己的培养目标方案。以武汉大学为例，在 1981 年颁布的《武汉大学文科各系学分制教学方案总则》中规定，“培养德智体全面发展的哲学、社会科学的各类理论研究、教育和有关的专门人才”。为实施专才教育，在课程结构上狠批“火烧三层楼”的谬论，重构专业课、专业基础课、基础课的课程体系，按专门人才成长需要设置课程。在教学组织体系上，恢复校、系两级管理；同时，在系内设专业，按专业招生、培养。在专业设置上进行整顿，改变了“文革”后期“左倾”错误的影响下专业设置不规范的混乱状况，

① 杨志坚．中国本科教育培养目标研究（之四）——中国本科教育培养目标的历史演进（1962—1998）[J]．辽宁教育研究，2004（8）．

按经济社会发展和改革开放需要增设专业，如财经、政法、管理和英语等专业，根据社会主义建设需要增设或新设新闻学、政治学、社会学等紧缺的应用类专业，还新设计算机科学与技术类等新兴学科专业。

当然，要培养专门人才还需要做好“专”和“红”的协调，也就是要处理好政治水平和业务水平的关系。在对待“又红又专”的问题上，邓小平同志曾经指出：“专并不等于红，但是红一定要专。不管你搞哪一行，你不专，你不懂，你去瞎指挥，损害了人民的利益，耽误了生产建设的发展，就谈不上红”。[①] 邓小平同志多次强调要加强专业知识的培养，培养有专业知识和能力的干部队伍和人才队伍，尤其把培养科学技术人才作为教育战线的重要任务。1980 年，时任教育部部长蒋南翔同志指出，“社会主义学校的培养目标必须坚持又红又专的方向，使受教育者在德智体几方面都得到发展，成为有社会主义觉悟的有文化的劳动者，成为社会主义现代化建设的生力军。在现阶段，教育工作要为新时期的总任务服务……学校应以教学为中心，保证学生达到应有的学业水平”。[②] 由此来看，在人才培养中，红和专缺一不可，各行各业具备现代知识和技能的高素质人才同时也是服务社会主义现代化建设的劳动者，即他们必须有理想、有文化、有道德、有纪律，热爱社会主义祖国和社会主义伟大事业，具有为国家富强和人民富裕而艰苦奋斗的献身精神。

二、人才培养目标改革的积极探索

（一）改革的动因

改革开放后，我国的经济体制开始逐渐向市场经济转型。1984 年 10 月，中央下发了《关于经济体制改革的决定》。该决定认为，过去实行的严格的计划经济体制“形成了一种同社会生产力发展要求不相适应的僵化的模式”，这种模式的弊端之一是“忽视商品生产、价值规律和市场的作用”。因此，必须对它进行改革以增强企业活力，促进社会生产力的发展。同时明确指出：“改革计划体制，首先要突破把计划经济同商品经济对立起来的传统观念，明确认识

---

① 中华人民共和国教育部．邓小平教育理论学习纲要［M］．北京：北京师范大学出版社，1998.

② 蒋南翔同志在教育工作会议上的总结发言［A］//何东昌．中华人民共和国重要教育文献（1976-1990）［M］．海口：海南出版社，1998：17-80.

社会主义计划经济必须自觉依据和运用价值规律，是在公有制基础上的有计划的商品经济。”① 该决定的发布，不仅标志着我国经济体制改革的开始，也标志着我国社会逐渐开始进入一个新的历史发展阶段。

经济领域的改革对社会生活的方方面面产生了辐射作用。从教育领域来看，1985年5月，中共中央发布了《关于教育体制改革的决定》。该决定指出，随着经济体制的改革，教育体制必须改革。因为经济体制改革的根本目的是为了社会生产力的大发展，物质文明与精神文明的大提高。这个目的能否实现，关键在人才。而教育体制改革的根本目的就是要多出人才，出好人才。要大规模地准备新的能够坚持社会主义方向的各级各类合格人才。要造就数以亿计的工业、农业、商业等各行各业有文化、懂技术、业务熟练的劳动者。

对于高等教育的体制问题，该决定明确提出：“高等教育体制改革的关键，就是改变政府对高等学校统得过多的管理体制，在国家统一的教育方针和计划的指导下，扩大高等学校的办学自主权，加强高等学校同生产、科研和社会其他各方面的联系，使高等学校具有主动适应经济和社会发展需要的积极性和能力。

在政策层面指出改革方向的同时，社会发展对高等教育改革提出了现实诉求。据统计，1988年，全年国民生产总值13853亿元，比上年增长11.2%；国民收入11533亿元，比上年增长11.4%；农业总产值5618亿元，比上年增长3.2%；工业总产值18100亿元，比上年增长20.7%，其中，全民所有制工业增长12.7%，集体所有制工业增长28.8%（其中乡村工业增长35%），个体工业增长46%，中外合资、中外合作和外商独资经营的工业增长97%。而城镇新型集体企业达23.5万家，私营企业达22.5万家。② 在这种背景中，社会经济发展对本科人才的需求越来越大，但也越来越趋向实际。因此，中央在《关于教育体制改革的决定》中明确提出：要造就数以千万计的具有现代科学技术和经营管理知识，具有开拓能力的厂长、经理、工程师、农艺师、经济师、会计师、统计师和其他经济、技术人员；还要造就数以千万计的能够适应现代科学文化发展和新技术革命要求的教育工作者、科学工作者、医务工作者、理论工作者、文化工作者、新闻和编辑出版工作者、法律工作者、外事工作者、军事工作者

① 中共中央文献研究室．十二大以来重要文献选编（中）[M]．北京：人民出版社，1986：561-562+568.

② 中共中央政策研究室综合组．改革开放二十年大事记（1978.12-1998.3）[M]．北京：中国人民大学出版社，1999：329+1018+1019.

和各方面党政工作者。

（二）人才培养目标的调整

《关于教育体制改革的决定》提出，要“大规模地准备新的能够坚持社会主义方向的各级各类合格人才”，“高等学校担负着培养高级专门人才和发展科学技术文化的重大任务”，这就是说高等学校培养的人才模式是“高级专门人才”。这一目标提出后，教育领域掀起了一系列的改革讨论。

1985 年 12 月，国家教育委员会召开综合大学教学改革研讨会，很多代表认为“过去综合大学理科的培养目标定得过高，毕业去向过窄”，“对培养四化建设各条战线上急需的实际工作者，缺乏足够的重视”，主张大力培养学生的能够从事本专业的教学、科研和有关专业的实际工作能力。

1988 年，在广泛调研的基础上，国家教委下发了《关于加强普通高等学校本科教育工作的意见》，首次提出：高等学校的培养目标是使受教育者在德育、智育、体育等方面得到全面的发展，成为符合社会主义建设实际需要的“高级专门人才”，但“由于本科毕业生的大多数将直接到社会主义建设第一线从事各种实际工作”，本科层次培养出来的人才并不就是“高级专门人才”，而“是未来高级专门人才的基本来源”。在此前后，本科各科均对培养目标进行了调整，并对培养规格做了详细的规定。如理科本科教育培养目标变成了“适应我国社会主义建设实际需要，德智体全面发展，具有良好科学素养，受到基础研究或应用研究初步训练的专门人才”。工科则将过去培养“工程师”的培养目标改为培养“工程技术人才”，提出“培养适应社会主义建设需要的、德智体美全面发展的、获得工程师基本训练的高级工程技术人才”。在此过程中，一些学校也开始调整培养模式。如武汉大学等校于 1992 年率先举办人文科学、数理经济等实验班，从人才培养的运行机制、教学组织的形式与方式上，探索新的人才培养模式。为培养国民经济和社会发展大量需要的应用型人才，不少高校在人才培养的模式和制度上实行开放式办学。自 1985 年至 1993 年，武汉大学就先后与原国家计委、国家科委、审计署、广播电视部、国家环保总局、新华书店总店等十多个部委局签订联合办学协议，增加使用知识、管理实务与技能等教学内容，进行“经营性”“管理型”等高级应用人才的培养模式探索。

第三节 本科教学体系适应性探索：制度配套性改革

本科教学目标的恢复与调整离不开相应的制度性改革，包括管理体制改革、教学改革、专业目录调整等。在“调整、巩固、充实、提高”的方针指导下，围绕本科教学开展的机制体制改革全面铺开，以求专门人才的培养能为科学技术开发和解决社会主义现代化建设中的重大理论问题和实际问题作出较大贡献。

一、大学管理制度的变革

1978年2月，《国务院转发教育部关于恢复和办好全国重点高等学校的报告的通知》的附件《关于恢复和办好全国重点高等学校的意见》中指出，“根据有利于党的领导，有利于发挥中央和地方两个积极性，有利于在教学和科学研究工作中早见成效的原则，对全国重点高等学校要实行统一领导，分级管理……面向全国和面向地区的全国重点高等学校，除少数院校实行有关部委直接领导外，多院校实行有关部委和省、自治区、直辖市双重领导，以部委为主……面向省、自治区、直辖市的全国重点高等学校，原则上由本省、自治区、直辖市领导”。这个文件标志着我国开始在全国重点高校恢复统一领导、分级管理的体制。1979年，中共中央又批转了《教育部党组关于建议重新颁发关于加强高等学校统一领导、分级管理的决定的报告》，进一步强调了统一领导、分级管理的体制。这一体制的恢复，促进了高等教育事业的发展，但是弊端也逐渐暴露，主要表现为：中央有关部门对一些具体事务集中管理过多，不利于发挥地方的积极性；对高等学校统得过死，致使高等学校缺乏应有的主动性和活力。

1984年10月，中共十二届三中全会通过了《中共中央关于经济体制改革的决定》；1985年，《中共中央关于教育体制改革的决定》颁布，提出了关于高等教育体制的基本精神。1986年，为了落实贯彻教育体制改革的决定精神，国务院发布了《高等教育管理职责暂行规定》，文件的主要内容是对高等教育的管理权限作出明确规定，以增强高等学校适应经济和社会发展需要的能力。

在宏观管理体制改革的同时，高等学校的领导体制也随之发生变化。1978

年修订的《高教六十条》将党委领导下的“以校长为首的校务委员会负责制”改为“高等学校实行党委领导下的校长分工负责制”。1985 年的《关于教育体制改革的决定》将这一领导制度再次做了修改，提出学校逐步实行校长负责制，有条件的学校要设立由校长主持的、人数不多的、有威信的校务委员会作为审议机构。要建立和健全以教师为主体的教职工代表大会制度，加强民主管理和民主监督。学校中的党组织要从过去那种包揽一切的状态中解脱出来……随着该决定的出台，这一时期进行了从“学校领导集体负责制”到“学校行政首长负责制”的改革探索。1989 年 8 月，《中共中央关于加强党的建设的通知》颁布，该文件规定：“高等学校实行党委领导下的校长负责制。试行校长负责制的范围不再扩大。已经试点而收效较好的，可以继续试验。无论施行何种领导体制，党委都是学校的政治核心，全面领导思想政治工作，管理干部，同时支持行政领导独立负责地工作，力戒包揽行政事务。”1990 年 7 月，《中共中央关于加强高等学校党的建设的通知》颁布。该文件再次明确“高等学校实行党委领导下的校长负责制”，并指出：“经上级主管部门和地方党委确定继续进行校长负责制试点的学校，要做好试点工作。在这些学校，党委要发挥政治核心作用，坚持党管干部的原则，全面领导学校的思想政治工作，参与对教学、科研和行政管理工作重大问题的决策”。

之后几年，虽然中共中央和政府的不少文件都强调高等学校在微观管理体制上实行党委领导下的校长负责制，但并没有完全排斥校长负责制。所以，这一时期的高校内部管理体制相对而言，不断走向灵活和开放，大学基层院系的自主权也相对得到保障，这为高校人才培养提供了一定的制度空间。

二、大学教学改革的开展

在 1985 年颁布的《中共中央关于教育体制改革的决定》中提出了一系列重大决策，包括扩大高等教育办学自主权、改革高等学校的招生和分配制度，以及多渠道解决教育经费问题的规定，为高等教育的人才培养改革创造了巨大的制度空间和发展前景。

高等教育体制改革在为本科教育创造巨大机遇的同时，也对高等教育的发展提出了严峻的挑战。高等教育体制改革的核心是提高高等教育的办学自主权，扩大办学阵营的主体，改变国家与高等教育的传统关系。实施的一系列改革，必然导致高等教育要面临着如何保证教育教学质量的问题。市场机制的引入，不仅使得高校的办学质量问题更加突出，而且更进一步提出了资源分配的公平性和效率性问题。高等教育所面临的这些问题，尤其是在教育教学质量上的问题，使得我们不得不重新思考，如何采用新的管理手段确保本科教育的水平。所以《中共中央关于教育体制改革的决定》也对管理方式的问题进行了规范，同时明确提出“对高等学校的办学水平进行评估”的要求。

为了落实评估要求，1985 年 6 月，教育部召开了全国高等工程教育评估专题研讨会，这是我国有领导、有计划地开展高等教育评估研究和实践活动的开端，揭开了探索具有中国特色的高等教育质量保障体系的序幕。根据会议结果，1985 年国家教委颁布了《关于开展高等工程教育评估研究和试点工作的通知》，一些地方开始启动高校办学水平、专业和课程的评估试点工作。1985～1989 年，国家教委联合其他部委以及相关专业指导委员会和课程教材编委会，根据经济社会发展对人才的需求，结合高校的实际情况，有计划、有重点地在 80 多所工程类院校开展了教育评估试点工作。首选工程教育作为评估的试点，主要考虑到国家经济转型过程中，对工程教育的人才培养的要求较高、需求较大，因此，确保工程本科教育的人才培养水平是提高高等教育质量的重中之重。此次评估为全面深入地推进评估工作积累了丰富的经验。

1990 年，在前期工作经验的基础上，国家教委颁布了《普通高等学校教育评估暂行规定》，这是我国第一部有关高等教育评估的专门性法规文件，从评估目的、任务、指导思想、基本形式、评估机构、评估程序等多方面对高校评估作出了原则性和方向性的规定，为中国高校评估制度确定了一个基本框架。这是我国关于高等教育质量评估的方案，为本科人才培养的质量保障提供了法理和政策依据。按照《暂行规定》的要求，我国高等教育形成了合格评估、办学水平评估和选优评估三种形式相结合的质量保障框架。

三、修订本科专业目录

“文革”造成了本科专业目录的混乱，这对于课程结构、师资配置、资源投入等都产生了负面影响，使得人才培养质量下滑。因此，修订本科专业目录，使其更加科学化，更加符合人才培养和社会发展的规律，成为“文革”结束后高等教育系统面临的重要问题。

1978 年 4 月，教育部发布《关于做好高等学校专业设置与改造工作的意见》，提出新时期专业设置和改革的三个主要原则：第一，根据我国国民经济发展规划和科学、教育事业发展规划，正确处理好需要与可能，普及与提高，重点与改革，当前与长远，数量与质量，学科与产品、工艺等的关系。专业划分不宜过窄，专业设置力求稳定，努力体现专业的先进性和适应性。第二，专业设置与改造要全面规划，统筹安排，要贯彻自力更生、勤俭办一切事业的方针，充分挖掘潜力，有领导、有计划、有步骤、有重点地进行，力求多快好省。第三，专业设置与改革是一项深入细致、艰巨复杂的工作，要积极慎重。在此之后，教育部组织大批研究力量，分学科类别逐步修订原有的本科专业目录，并相继颁布了一系列相关文件，包括 1984 年颁布的《高等学校工科本科专业目录》，1986 年颁布的《高等师范本科通用专业目录》和《普通高等学校农科、林科本科专业目录》，1987 年颁布的《普通高等学校医科本科专业目录》、《普通高等学校理科本科基本专业及简介》和《普通高等学校社会科学本科专业目录》等。

这次专业目录的修定和专业整顿，从根本上解决了“文革”所造成的混乱局面。在几个新的专业目录下，专业总数从原来的 1343 种减少到 671 种，其中，文科 107 种，财经 48 种、政法 9 种、艺术 50 种、理科 70 种、工科 255 种（含军工专业 51 种）、农林 75 种、医药 57 种。修订后，专业名称更加规范，专业口径得到一定程度的拓宽，恢复和增设了文科、财经、政法类等一批长期比较薄弱的专业，加强了新兴、交叉、边缘学科的专业。通过修订工作的实践，明确了专业划分和设置的基本原则。

1989 年，国家教育委员会着手第三次本科专业目录的修订工作，历时四年多，在前两次修订工作的基础上，进一步拓宽专业口径和专业范围，调整归并了一批专业。1993 年，体系完整、比较科学合理、统一规范的《普通高等学校本科专业目录》正式颁布。该专业目录分设哲学、经济学等十大门类，下设二级类 71 个，504 种专业。

第七章

1996~2010年：高等教育大众化中的素质教育

长期以来，我国高等教育规模偏小、同质化程度高、体系不健全，制约了我国社会经济的发展。[①] 因此，中国高等教育走向大众化是历史的必然。当然，这种必然是与社会经济发展到一定程度及其对高等教育的需求是密切相关的。

1992年，邓小平“南方谈话”拉开了中国由计划经济走向市场经济的序幕。受中央政策的影响，教育系统掀起了一系列的改革举措，涉及招生、民办教育等多个领域。其中，1993年教育部颁布的《中国教育改革与发展纲要》明确提出，“改变全部按国家统一计划招生的体制，实行国家任务计划和调节性计划相结合”，并规定“改革学生上大学由国家包下来的做法，逐步实行收费制度”。随后发布的纲要实施意见进一步提出，待具备条件后，“学校可根据社会需求和办学条件自行调整招生规模”。纲要所提出的政策方向，为高等教育扩招提供了政策基础。

此后，在国企改制、市场经济改革的影响下，尤其是1997年亚洲金融危机爆发后，政府把目光投向高等教育，决定依靠高等教育大规模扩张来拉动内需，促进经济发展。1998年，教育部制定了《面向21世纪教育振兴行动计划》，这成为我国高等教育大众化启动的标志。

高等教育大众化的过程中，势必会稀释原有的教育资源，对教育质量产生一定的影响，尤其是对本科教育质量的影响最为明显。因此，如何在高等教育大众化的过程中确保本科教育质量，既能满足广大群众的受教育需求，又能培养一批高质量的本科人才，成为这一时期高等教育面临的两难选择。

① 张应强．中国教育改革40年·高等教育［M］．北京：科学出版社，2019：60.

第一节　高等教育规模和结构的变革

一、高等教育走向大众化时代

党的十四届三中全会后，为了从理论和实践上回答教育如何适应经济、社会发展的要求，教育部提出并制定了《面向 21 世纪教育振兴行动计划》。该计划提出了高等教育发展的重大战略构想：一是“积极稳步发展高等教育”，即在提高规模效益的同时，改革教学思想、内容和方法，不断提高教育教学质量；二是全面振兴教育事业，实现高等教育规模的较快发展，发展目标是 2010 年高等教育毛入学率达到 15%。该计划提出，在采用新机制和新模式的前提下，2000 年高等教育本专科在校生总数要达到 660 万人，研究生在校生规模应有较大增长，高等教育入学率要从 1997 年的 9.1%提高到 11%左右，普通高等学校生师比要由 1997 年的 10∶1 提高到 12∶1；独立设置的普通高校平均在校生规模要达到 4000 人左右。

1999 年 6 月，改革开放以来的第三次全国教育工作会议在北京召开，会议进一步明确了高等教育大发展的基本思路，即为增强国力和国际竞争力，迎接 21 世纪的机遇和挑战，必须把教育放在优先发展的战略位置；要扩大现有普通高校和成人高校的招生规模，尽可能满足人民群众接受高等教育的需要，保证教育的适度优先发展。同一时期，中共中央、国务院发布《关于深化教育改革全面推进素质教育的决定》，重申“扩大高中阶段和高等教育的规模，拓宽人才成长的道路，减缓升学压力，通过多种形式积极发展高等教育，到 2010 年，我国同龄人口的高等教育入学率要从现在的 9%提高到 15%左右”。[①] 这些政策的制定成为我国高等教育规模迅速扩大的政策依据。1999 年 6 月，党中央、国务院决定大幅扩大当年全国高等教育的招生规模，1999 年实际招生规模为 159.68 万人，比 1998 年增加 51.32 万人，增幅达 47.4%。2000 年和 2001 年继续扩大招生，使得我国高等教育规模迅速扩张，招生人数和在校生人数三年翻

① 《中国教育年鉴》编辑部．中国教育年鉴 2000［M］．北京：人民出版社，2000：88.

了一番。经过三年大扩招，我国高等学校在校生规模从 1998 年的 643 万人增加到 2001 年的 1214. 4 万人，净增 571 万人，四年间几乎翻了一番。从人才培养层次结构看，2001 年与 1998 年相比，在校生本科规模增幅最大（见表 7-1）。

表 7-1　1998~2001 年高等学校在校生规模情况

年份	1998	1999	2000	2001
在校生人数（万人）	643. 0	742. 2	939. 9	1214. 4
其中：研究生人数（万人）	19. 9	23. 4	30. 1	39. 3
本科生人数（万人）	257. 6	320. 8	411. 8	535. 1
专科生人数（万人）	365. 5	398	498	639. 7

资料来源：《中国教育事业统计年鉴》（1998-2000）。

2001 年以后，高等教育继续保持规模化增长，高等教育毛入学率从 1999 年的 10. 5%快速上升到 2005 年的 21%，普通本科高校数量增长缓慢，专科高校数量增加迅速，形成了本专科高校数量 4∶6 的层次格局。其中，本专科招生比例结构也有了很大的调整，招生总人数从 1999 年的 159. 68 万人增加到 2005 年的 504. 46 万人。

依靠规模扩张的外延式发展模式在满足广大人民群众渴求接受高等教育的同时，也产生了诸多问题。这一模式有明确的规模和硬件上的目标，相对容易量化和实现，且周期较短，是具有效率的一种发展方式。但这种发展方式很容易导致路径依赖，形成发展思维和方式的惯性；过于关注数量，强调外在资源的供给和配置的增加；过于关注宏观体制的突破，会忽视学校内在资源的挖掘、整合和优化配置，以及教育质量、办学特色等发展的内在动力。因此，早在 2002 年的教育工作会议上，时任教育部部长的陈至立就指出："在数量规模迅速扩大以后，如何提高教育质量、调整学科结构、提高办学效益就成为更加紧迫的任务。没有基本教育质量保证的扩招，不是健康的发展；学科专业和人才培养结构不适应经济社会需求，也无法实现持续的发展。"①

但是即便注意到高等教育大扩招可能带来的一系列问题，扩招步伐并没有停止，只是稍微变缓，招生总人数从 2005 年的 504. 46 万人增加到 2009 年

① 教育部关于印发陈至立部长在 2002 年度教育工作会议上的讲话和《教育部 2002 年工作要点》的通知［EB/OL］.（2020-09-16）. http：//www. china. com. cn/policy/txt/2001-12/28/content_5091511. htm.

639.49 万人，增长率相比前期逐渐降低。

二、新时期的重点大学建设："211 工程"和"985 工程"

（一）"211 工程"建设

为贯彻邓小平把重点高校建设成为"既是办教育的中心、又是办科研的中心"的思想，1983 年 5 月，教育部在武汉东湖召开高等教育工作会议，讨论如何尽快发展我国高等教育事业。与会的老教育家匡亚明、刘丹、李曙森和屈伯川在听取教育部部长何东昌所作的报告《关于调整改革和加速发展高等教育若干问题的意见》后，共同讨论起草了一份给中共中央书记处的建议书，即《关于将 50 所左右高等学校列为国家重大建设项目的建议》，建议拿出 50 亿元，重点资助 50 所高等学校，使他们到 20 世纪 90 年代在办学条件上达到国际先进水平。在我国当时的国力条件下，这一设想是具有建设性的，可以说它是"211 工程"的原型。这一提议经有关部门转送给党中央、国务院以后，得到了高度重视，直接结果是国家将这些高等学校作为高等教育建设重点，使它们成为我国高校中的塔尖。

1991 年 4 月，重点办好一批大学和加强一批重点学科建设的规划被列入《中华人民共和国国民经济和社会发展十年规划和第八个五年计划纲要》。同年 7 月，国家教委向国务院正式上报了《关于重点建设好一批重点大学和重点学科的报告》，提出"建议由国家教委设置重点大学和重点学科建设项目，该项目简称'211'计划"。同年 12 月，国家教委、国家计委和财政部经过充分协商，联合向李铁映、邹家华、王丙乾报送了《关于落实好一批重点大学和重点学科的实施方案的报告》，明确提出"一致同意国家设置与国家经济、社会发展相适应的'重点大学和重点学科建设项目'（简称'211'计划）"。

1992 年 12 月，国家教委制定了《关于加快改革和积极发展普通高等教育的意见》，提出发展高等教育必须把提高教育质量放在突出的地位。有条件的省、自治区、直辖市和国务院有关部门着重办好一二所代表本地区、本行业先进水平的高等学校和一批重点学科、专业。在此基础上，国家教委会同国务院有关综合部门有计划地选择其中一批代表国家水平的高等学校和学科、专业列入国务院原则上已批准的"211 工程"计划，分期滚动实施。1993 年 1 月，国务院批准了《关于加快改革和积极发展普通高等教育的意见》。同年，国家教委成立了“211工程”协调小组和领导小组，“211工程”协调小组负责工程的宏观决策和指导。

“211工程”，即面向21世纪，重点建设100所左右的高等学校和一批重点学科的建设工程，于1995年11月经国务院批准后正式启动。“211工程”是中华人民共和国成立以来由国家立项在高等教育领域进行的规模最大、层次最高的重点建设工作，是中国政府实施“科教兴国”战略的重大举措，是中华民族面对世纪之交的中国国内外形势而作出的发展高等教育的重大决策。1995年11月，经国务院批准，原国家计委、原国家教委和财政部联合下发了《“211工程”总体建设规划》，“211工程”正式启动。

“211工程”入选项目共分五批完成：第一批1995年入选15所，1996年增加入选12所；第二批1997年入选67所；第三批2005年入选12所；第四批2005年底入选一所；第五批2008年入选五所。从地域分布上看，“211工程”这一工程主要在北京（26所）、上海（9所）和个别重点省份（如江苏11所）实施，一省两直辖市占“211工程”项目的46%，而河北、山西、内蒙古、浙江、江西、河南、海南、贵州、广西、云南、西藏、甘肃、青海、宁夏14个省、自治区仅有1所“211工程”高校。但“211工程”的启动确实标志着中国在20世纪与21世纪之交开始了创建世界一流大学的伟大征程。

（二）“985工程”建设

随着知识经济的兴起与发展，知识、信息、技术在社会经济发展中的作用越来越大，世界开始进入以信息技术为标志的高科技和新经济时代。1997年12月9日，中国科学院在推进其主抓的知识创新工程的基础上，向党中央提交了《迎接知识经济，建设国家创新体系》报告，其提出的2010年总体目标是建设一批国际知名的国家知识创新基地。1998年，国务院批准了中国科学院知识创新工程试点的申请。同年底，财政部随之发布《关于核定中国科学院知识创新工程试点专项经费的通知》，安排相关经费48.02亿元。

中国科学院的知识创新工程的推进必然要依托高等教育的创新。为了促进高等教育的创新，1998年5月，江泽民同志在庆祝北京大学建校100周年的校庆上指出：“为了实现现代化，我国要有若干所具有世界先进水平的一流大学。”1999 年 1 月，国务院批转了教育部的《面向 21 世纪教育振兴行动计划》，提出“相对集中国家有限财力，调动多方面积极性，从重点学科建设入手，加大投入力度，对于若干所高等学校和已接近并有条件达到国际先进水平的学科进行重点建设，今后 10~20 年，争取若干所大学和一批学科进入世界一流水平”，“985 工程”正式启动。“985 工程”一期“从重点学科建设入手，对若干所高等学校和已经接近并有条件达到国际先进水平的学科进行重点建设”①，从 1999 年开始，到 2001 年结束，建设周期为三年。一期建设高校共 34 所，其中，北京大学、清华大学以教育部支持为主，其他重点建设高校以不同形式的共建方式获得支持。“985 工程”一期经费投入中央专项资金约 145 亿元，地方政府配套资金约为 110 亿元，主管部门配套资金约为 16 亿元。

根据教育部《2003-2007 年教育振兴行动计划》中关于“继续实施‘985 工程’，努力建设若干所世界一流大学和一批国际知名的高水平研究型大学”的决定，教育部、财政部于 2004 年 6 月 2 日发布了《教育部 财政部关于继续实施“985 工程”建设项目的意见》，“985 工程”二期建设正式启动。二期建设周期为三年（2004~2007 年），建设任务包括机制创新、队伍建设、平台建设、条件支撑和国际交流与合作五个方面。截至 2008 年，二期建设学校共 39 所，经费投入中中央专项为 189 亿元，主要用于平台基地建设和队伍建设，其中，用于平台基地建设的资金为 129 亿元，用于队伍建设的资金为 37 亿元。

“211 工程”和“985 工程”对我国高等教育的发展产生了深远的影响，造就了一批国际一流和国内一流大学和学科。从具体成就来看，两大工程对高等学校的教育教学和科研的硬件设施改善起到了极大的推动作用，为培养和吸引优秀人才创造了必要的条件。据统计，1995~2005 年，用于改善学校教学科研用房及重点学科和公共服务体系配套的技术设施建设投资为 107.71 亿元。② 在科学研究方面，两大工程使大学的科研水平和社会服务能力明显提升，1995~2005 年，“211 工程”学校承担了全国 1/2 的国家自然科学基金项目、“973”项目和 1/3 的“863”项目，获得国家自然科学奖、技术发明奖和科技进步奖一、二等奖的数量占全国的 1/3。③ 从人才培养来看，两大工程的学校在人才培养质量上不断提高，已基本实现立足于国内培养高层次人才的目标。“211 工

① 李福华 . 从单位制到项目制：我国高等教育重点建设的战略转型［J］. 高等教育研究，2014（2）.

② 张应强，徐小洲 . 精英与大众：中国高等教育 60 年［M］. 杭州：浙江大学出版社，2009：68.

③ 张应强，徐小洲 . 精英与大众：中国高等教育 60 年［M］. 杭州：浙江大学出版社，2009：69.

程”和“985 工程”学校在学生培养方面，尤其是在高素质人才培养方面，已成为我国大学的排头兵。

第二节 素质教育背景下的人才培养目标

一、文化素质教育的政策历程

20 世纪 80 年代中期，针对当时基础教育领域出现的“片面追求升学率”等不良倾向，教育界提出了发展素质教育的大讨论。1993 年中共中央、国务院颁布的《中国教育改革和发展纲要》提出“中小学要由‘应试教育’转向全面提高国民素质的轨道，面向全体学生，全面提高学生的思想道德、文化科学、劳动技能和身体心理素质，促进学生生动活泼地发展”。1999 年 6 月，中共中央、国务院发布《关于深化教育改革全面推进素质教育的决定》，提出实施素质教育，“就是全面贯彻党的教育方针，以提高国民素质为根本宗旨，以培养学生的创新精神和实践能力为重点，造就‘有理想、有道德、有文化、有纪律’的、德智体美等全面发展的社会主义事业建设者和接班人”。明确素质教育与全面发展的教育方针在方向、目的、基本内容方面的一致性，同时强调要将素质教育贯穿于教育的各个领域和教育教学的各个环节。

在这样的背景下，高等教育的素质教育全面启动。20 世纪 80 年代中后期的讨论中强调，大学教学在促进学生掌握基础知识与基本技能的同时，还要通过“第二课堂”等多种途径，培养学生的实践活动（动手）能力、社会适应能力，在教会学生如何做事的同时教会学生如何做人。这些讨论以及由此产生的具体观点，触及大学人才培养目标与模式的转变。以此为契机，1986 年，原国家教委高教二司组织原华中工学院等高校开展了关于工科本科生规格的调查研究，调查形成了《工科本科生基本规格（建议稿）》，其中明确提出，要着力培养学生的“基本文化素质”，并将其与基本政治素质、专业素质和身体素质并列，作为工科毕业生必需的基础素质。

此调查所提出的大学生“基本文化素质”，引起了人们反思和研究大学人才培养目标的问题，引发了高等教育界对大学教育思想的讨论。1994 年，在原国家教委的领导和支持下，原华中理工大学将加强大学生文化素质教育作为一项教学改革课题，成立了校课题组，在全校范围内进行研究与实践，建立了一套教育模式，取得了很好的效果。与此同时，南京大学、清华大学等也开展了教育思想大讨论，并按照厚基础、宽口径、增强人才的适应性等原则调整了人才培养模式。

1995 年初，国家教委在原华中理工大学召开了“高等学校加强大学生文化素质教育试点院校第一次工作会议”，拉开了文化素质教育的序幕，开始有计划、有组织地在全国 52 所院校进行文化素质教育试点工作。国家教委印发的《关于开展大学生文化素质教育试点工作的通知》指出，加强大学生文化素质教育，就是要使大学生在学好本专业的同时，具备专业以外的与人文社会科学、自然科学以及文化艺术相关的基础知识和基本修养，使专业人才具有较高的文化素质，改变过去过分强调专业教育而忽视综合素质培养的状况，探索大学生德智体全面发展的新途径，全面提高人才培养质量。经过研究，北京大学、清华大学、原华中理工大学等 52 所高等学校被确定为加强大学生文化素质教育的试点院校。同年 9 月，原国家教委在原华中理工大学再次召开“全国大学生文化素质教育试点工作会议”。会议认为，加强大学生文化素质教育是转变思想和人才培养模式，促进大学生德智体全面发展的一次根本性变革，它的重要性在于有利于促进大学生良好综合素质的养成与人才培养模式的改革。

试点工作会议以后，大学生文化素质教育在试点院校得到了蓬勃开展，并取得了令人瞩目的成就。如北京大学开设了系列名著导读课程，原华中理工大学将文化素质教育分为课内教育、课外活动与社会实践三个层次。这些大学生文化素质教育工作促进了教育思想的转变，并在文化素质教育重要性、基本内容、实施原则与方法等方面达成了共识，推动了人才培养模式的变革，培养了学生创新能力与开拓精神，调动了大学生学习和实践的积极性，使大学生精神面貌和大学校园的文化氛围发生了变化，在一定程度上促进了本科教育质量的提高。

1996 年 11 月，国家教委在湖南大学召开了“全国高校加强大学生文化素质教育试点院校第二次工作会议”。这次会议明确提出了加强文化素质教育是教育改革的重要组成部分，是教育改革的切入点；正式将文化素质教育引入课堂，列入教学计划，明确了文化素质教育的主要内容为四个方面：文史哲、艺术、国内外文化精品、自然科学的基本知识。1998 年 5 月，在四川大学召开了文化素质教育第三次工作会议。这次会议宣布历时三年的试点工作结束，文化素质教育工作由试点转入全面推广，并将这项工作进一步科学化、规范化、制度化。

会上颁布了教育部《关于加强大学生文化素质教育的若干意见》，该文件强调了加强文化素质教育的重要性和紧迫性，提出要采取多种途径与方式加强文化素质教育，将加强大学生文化素质教育作为高等学校教育教学改革的一项重要内容。当时的教育部副部长周远清同志在会上指出了文化素质教育从“三注”到“三提高”的转变，即从注重素质教育、注视创新能力培养、注意个性发展转变为提高大学生的文化素质、提高教师文化素质素养、提高学校文化品位和格调。同年11月成立了教育部高等学校文化素质教育指导委员会，为开展文化素质教育打下了更好的基础。

1999年1月，教育部决定在若干所高校建立32个国家大学生文化素质教育基地。基地的任务是：协调基地校各院系和相关学校的文化素质教育工作，组织开展重要的文化素质教育活动；培训从事文化素质教育的师资队伍；开展文化素质教育的理论与实践研究，积极探索文化素质教育的途径和方法；总结和推广文化素质教育工作经验，发挥基地的示范和辐射作用。

1999年6月召开了改革开放以来的第三次全国教育工作会议，并发布了《关于深化教育改革全面推进素质教育的决定》。该决定认为，在素质教育中，加强大学生的文化素质教育具有特殊作用，并从战略高度论述了全面推进素质教育的重要性，要求把文化素质教育推向一个新阶段。该决定强调，素质教育思想应当贯彻教育的全过程、全方面，大学生也应当全面实施素质教育；不仅是从提高教育质量的角度讨论实施素质教育的必要性、可行性，而是从更新大学教育思想与实践的角度倡导素质教育；从高等教育的各个方面强调实施素质教育的要求和思路。

此后，教育部召开了一系列研讨会，进一步深化了高等学校的文化素质教育工作。2002年，教育部高教司组织对全国32个文化素质教育基地进行评估。2003年4月，在华中科技大学召开的“全国高等学校国家大学生文化素质教育基地中期检查评估总结暨文化素质教育研讨会”上，教育部副部长袁贵仁代表教育部对文化素质教育工作作出了明确而充分的肯定。

> 文化素质教育工作，为构建以素质教育为核心的中国特色的高等教育人才培养体系，从理论和实践两个方面，做出了富有成效的积极探索。
>
> ——袁贵仁

2003 年，教育部将加强文化素质教育工作纳入《2003-2007 年振兴教育行动计划》，提出通过加大经费投入来加强文化素质教育基地建设，充分发挥基地的示范和辐射作用，促进文化素质教育的提高与普及，并决定在“质量工程”的精品课程建设和教学名师奖励项目中优先考虑文化素质教育。截至 2006 年，教育部批准增设了 61 个国家大学生文化素质教育基地，全国大学生文化素质教育基地总数达到了 93 个。

文化素质教育的实施，对本科人才培养产生了深远的影响。其一，转变了教育思想理念，将高等教育从注重知识传授转向注重能力培养和素质提高，克服了狭隘、单一的专业教育思想，树立了综合素质教育的思想观念。其二，促进了人文教育与科技教育的融合，实施文化素质教育的重要内容就是在课程结构上进行改革，通过增加增设普选课、通识课等多种形式的课程来提高学生的综合素质。其三，调整和优化了人才培养模式。很多大学围绕文化素质教育修订了人才培养方案，调整的方向包括：强调学生素质的全面发展和接受通识教育；强调拓宽专业口径，按专业大类培养学生，增强学科间的交叉与融合；通过实施学分制等举措使培养计划更具有灵活性，促进学生个性发展和创新能力发展，重视实践教学和学生实践能力的培养；等等。很多学校规定理工科学生要修满一定的人文社会科学和艺术类课程；人文社科的学生要增加数学和自然科学的课程；等等。

二、创新人才培养目标的提出与发展

进入 20 世纪 90 年代，经济发展和社会转型对人才的规格产生了新的需求，逐渐从培养德智体全面发展的“专才”转向培养有理想、有道德、有文化、有纪律的“四有新人”，并进一步发展到培养基础扎实、知识面宽、能力强的“复合型人才”和“创新型人才”。

1993 年，《中国教育改革和发展规划纲要》提出，“高等教育担负着培养高级专门人才、发展科学技术文化和促进现代化建设的重大任务”。该文件强调了高等学校人才培养目标是培养“高级专门人才”。1998 年的《高等教育法》规定了人才培养的目标：培养具有创新精神和实践能力的高级专门人才。

到了 20 世纪 90 年代末期，随着社会主义市场经济的发展，尤其是知识经济的迅速兴起，社会对传统的知识结构及其产出方式都产生了新的要求，这为加快高等教育人才培养目标的改革提供了更加现实的社会外部环境。在回应社会需求的过程中，教育主管部门积极采取改革举措，推动高等学校的人才培养工作适应新的形势和要求。在 1999 年颁布的《关于深化教育改革全面推进素质教育的决定》中，明确提出“当今世界，科学技术突飞猛进，知识经济已见端倪，国力竞争日趋激烈。教育在综合国力的形成中处于基础地位，国力的强弱越来越取决于劳动者的素质，取决于各类人才的数量和质量，这对于培养和造就我国 21 世纪的一代新人提出了更加迫切的要求”。为此，要全面推进素质教育，“以培养学生的创新精神和实践能力为重点，造就‘有理想、有道德、有文化、有纪律’的德智体美等全面发展的社会主义事业建设者和接班人”，即我们常说的“创新人才”和“四有新人”。2001 年，教育部印发《关于做好普通高等学校本科学科专业结构调整工作的若干原则意见》的通知。该通知指出要“形成高校人才培养的多样化新格局”。教育部在 2004 年的《2003-2007 年教育振兴行动计划》中提出“要培养数以亿计的高素质劳动者、数以千万计的专门人才和一大批拔尖创新人才”。显然，这些政策措施都有助于复合型人才和创新型人才的培养。

面对内外部要求，许多高校就人才培养目标进行了调整，调整的主要方向有：强调学生素质的全面发展和接受通识教育；强调拓宽专业口径，按专业大类培养学生，增强学科间的交叉与融合；通过实施学分制等举措使培养计划更具有灵活性，促进学生个性发展和创新能力发展；重视实践教学和学生实践能力的培养；等等。① 如清华大学自 1997 年开始连续召开了两次全校教育思想大讨论，并将教育教学改革的总目标定为：加速建立研究型大学的人才培养体系，培养“高素质、高层次、多样化、创造性”的骨干人才。同时，积极促进学科交叉，注重培养复合型人才。北京大学从 2003 年开始改革，提出了复合型人才培养的目标，并通过了四种模式培养复合型人才：第一种是直接设置跨学科专业；第二种是允许个人自主设计专业，其课程组合方式由学生提出；第三种是第二学位；第四种是辅修/双学位模式。② 还有一批研究型大学启动通识教育，培养拔尖创新人才，例如：复旦大学 2005 年成立“复旦学院”，对全校一年级本科生开展通识教育，培养“通识人才”；南京大学 2006 年 3 月重新组建“匡亚民学院”，对优秀学生实行大类培养；南开大学经济、管理、法学专业跨专业

① 贾永堂．大学素质教育：理论构建与实践审视［M］．武汉：华中科技大学出版社，2006：229.

② 卢晓东等．大学本科跨学科知识复合型人才的做法与相关问题探讨——北京大学的个案［J］．当代教育论坛，2003（10）．

培养“复合型人才”；中山大学 2009 年博雅学院挂牌成立，对本科生进行中西方文明传统及经典著作的研修；等等。从宏观政策到高校实践，高素质、创新型和复合型人才成为高等学校的人才培养目标。

第三节　高等学校的教育教学改革

一、本科教学评估的全面推进

20 世纪 90 年代，我国高等教育评估实践活动步入正轨。依照《普通高等学校教育评估暂行规定》，国家教委于 1994 年、1996 年和 1999 年分别对 1976 年之后建立的本科高校、“211 工程”的高校，以及介于上述两类高校之间的高校进行了合格评估、优秀评估和随机性水平评估。

合格评估是对新建高等院校是否具备办学条件和是否达到基本教学质量进行的一种评价方式。1994 年，国家教委组织专家对天津城建学院等九所院校的本科教学工作进行了试点合格评估。1995 年，国家教委出台《首批普通高等院校本科教学工作评价实施办法》，明确了评估标准和操作流程。同年，国家教委对 1976 年之后新建的、本科教育历史较短、基础较薄弱、基本教学条件差、基本教学质量存在问题的高等院校开展合格评估，目的是使这类学校能够达到国家规定的办学水平和质量标准。截至 2002 年底，共有 190 所学校接受了合格评估。

优秀评估是对本科历史较长、基础较好、工作水平较高的学校采取的一种评价方式。优秀评估的目的是促进高等学校深化教学改革和办学特色，进一步提高教学工作的水平和人才培养质量。1996 年，各科类的优秀评估方案陆续出台。随后，国家对进入“211 工程”建设的重点高等院校开展优秀评估工作。截至 2000 年底，80 所高等院校申请参加本科教学工作优秀评估，最终评出的达到优秀的高等院校共 16 所。

随机性水平评估主要针对除新建本科院校和重点大学以外的普通院校，主要目的是引导高等院校更自觉地按照教育教学规律办学、努力提高教学质量。原国家教委采取随机抽取的方式，不定期进行水平评估。截至 2001 年，共有 25 所高校参与了随机性水平评估。

2002 年，在三类评估经验积累的基础上，教育部将合格评估、优秀评估和随机性水平评估合并，公布了《普通高等院校本科教学工作水平评估方案（试行）》，该方案详尽列出评估指标体系并公布等级标准、评估结论及标准，明确首轮评估工作以《中华人民共和国高等教育法》为依据，以“以评促改、以评促建、评建结合、重在建设”为基本原则。2003 年 11 月，教育部办公厅发布《关于对全国 592 所普通高等院校进行本科教学工作水平评估的通知》，该通知明确了五年一周期的全国高等院校本科教学质量评估制度。2003~2008 年对全国 592 所高等院校进行的评估为首轮评估。

2004 年 8 月，教育部对《普通高等院校本科教学工作水平评估方案（试行）》进行了修订，修订后的评估方案对评估指标体系的主要观测点进行了修改，考察的重点是学校保障教育质量的措施以及检验有关教学质量效果的指标，细化了等级标准，调整了部分参考权重。2004 年，教育部印发了《普通高等院校基本办学条件指标（试行）》。指标体系包括基本办学条件指标和检测办学条件指标，指标体系明确了合格标准与要求。该合格标准被纳入了《普通高等院校本科教学工作水平评估方案（试行）》中，进而使得评估工作具有一致性。

2007 年 9 月，教育部办公厅印发《普通高等院校本科教学工作水平评估学校工作规范（试行）》和《普通高等院校本科教学工作水平评估专家组工作规范（试行）》，两个文件的出台意在进一步规范本科教学评估工作，提高评估工作实效以及评估专家进校考察工作的质量。

2008 年，在各种评估政策规范化的同时，第一轮本科教学评估顺利完成。本轮评估是我国高等教育史上参与人数最多，涉及面最广、影响力最大的一次评估。① 589 所高校近千万名师生员工积极参与了迎评工作，教育部组织近 6000 名专家参加了进校评估工作。在进校评估过程中，评估专家无论是走访各相关部门、召开各类座谈会，还是随堂听课都达到了近万次，抽查审阅参评高等院校学生试卷和毕业论文十万多份。首轮评估为全国高等院校的办学状况、教育教学管理水平提供了真实可信的数据支撑。通过对这些数据的分析和研究，找出了高等院校在教育教学中存在的问题，为本科教育教学的高质量发展提供了各种建议。首轮评估工作使得高等院校办学实力和教学水平得到了全面提升，达到了首轮评估的既定目的。具体表现为：推进高等院校转变本科教学理念，确定了教学的中心地位；进一步理顺了办学思路，提炼出了更符合实际的办学

① 张晓华等．高等教育教学评估研究［M］．上海：上海交通大学出版社，2015：52.

特色；推进学校大力改善教学基础设施和基本条件，提供了良好的教学环境；推进学校加强师资队伍建设，优化师资结构，保障了教育教学质量；不断加强教学改革与建设，稳步提升了人才培养质量；推进学校加强制度建设，规范了教学管理。

二、通识教育或文化素质教育的实施

通识教育与文化素质教育既有联系又有区别，可以说，文化素质教育是具有中国特色的通识教育。最初的推动者是国内的理工科大学，在 1999 年教育部公布的 32 个文化素质教育基地中，包括华中科技大学、上海交通大学、西安交通大学、南京工学院等院校。这些院校入选后，不断加大对文化素质教育的投入和创新，并逐渐建设了一批作为专业教育补充的课程，为实施通识教育做好了理论和现实的准备。文化素质教育是我国由专业教育向通识教育的一种过渡，北京大学的文化素质教育通选课，最初就是为了开展文化素质教育而逐渐开设的，是作为专业教育的一种补充性课程。随着该校本科教育新理念的提出，通选课则成为通识教育的一种必要手段，旨在开阔学生视野，建立合理的知识结构，同时帮助学生发展自己的兴趣进而选择专业。除了北京大学外，复旦大学、南京大学、武汉大学、北京理工大学、华中科技大学等诸多高校都纷纷在本科教学改革中提到进行“通识教育”。本书以北京大学为例，对通识教育具体做法进行说明。

【案例：北京大学的元培计划】

1999 年，在北京大学创建世界一流大学计划正式启动之际，为了更加明确学校教育教学改革的思路和方向，学校成立了本科教育教学发展战略研究小组，开始了新的人才培养模式的研究与探索。2001 年教务部在香山本科教学工作会议上正式提出了 21 世纪北大本科教育人才培养的新理念、新目标和新模式。

香山会议提出的方案概括起来有两点：一是作为以世界一流大学为建设目标、负有为民族和国家的强盛培养领军人物责任的综合性研究型大学，北京大学人才培养的基本目标是为国家社会主义现代化建设事业培养能够在各个行业起到引领作用的顶尖专业人才。但这个任务从总体上说，单靠本科教育是完不成的，只能在包括本科生和研究生在内的完整的大学教育中完成。本科教育的任务就是进行高等教育的基础教育，培养基础知识宽厚、创新意识强烈、具有良好自学和动手能力的适应性强的高素质人才，这样的人才既可以成为研究生教育阶段的生源，也可以成为社会需要的适应面广的复合型人才。二是为实现上述目标，确立本科教育的基础地位，有必要在低年级实行通识教育，在高年级实行宽口径的专业教育，同时进行学习制度的全面改革，实行在教育计划和导师指导下的自由选课学分制。

为了探索 21 世纪中国综合性高水平研究型大学本科人才培养的新模式，北大决定以蔡元培①的名字办一所本科教育改革学院，旨在达成“加强基础，淡化专业，因材施教，分流培养”的目标。2001 年 9 月，学校成立元培计划管理委员会，一方面，推进全校范围内的本科教学改革；另一方面，举办元培计划实验班，进行新的人才培养模式的实践。2007 年，北大第一个非专业类本科学院“元培学院”正式成立，实行以自由选课为基础的学分制、导师全程指导制、3~5 年的弹性学制和原则上自由选择专业制。

按照院系或学科大类招生，是对专业招生的一种改变。长期以来，我国的高校招生有着按照专业制定的严格的招生计划，学生高考填报志愿时必须填报某个专业，学生一进大学就按专业组织教学，本科教育专业面过窄。2002 年开始，北京大学 13 个院系率先实行按院系或者学科大类招生，也就是说，把一个院系所有专业以一个类别名称投放给考生，考生按院系填报志愿，学校按院系录取考生。经过一年、两年或三年的基础课学习后进行分流，由学生根据自己的兴趣在院系范围内自主选择学习的专业。到了 2004 年，除了外语类和医学类专业外，全校各院系都逐步完成了按院系或学科大类招生的改革。与招生改革呼应，2002~2003 年，学校全面修订了本科教学计划，将毕业总学分数由 150 学分压缩到 140 学分以内，将必修课学分数压缩到总学分的 60%以内，取消限制性选修课，增加学生自由选课和选择专业的空间；增加 16 个通识教育选修课的学分要求，实践通识教育的理念。为了推进通识教育，学校于 2000 年推出了本科生素质教育通选课，要求全体本科学生在数学与自然科学、社会科学、哲学与心理学、历史学、语言学、文学与艺术六个领域选修 16 学分的课程，其中，在每个领域至少选修 2 学分。为了保证课程质量，学校在课程遴选、师资培训、资源配置、检查评估、教材建设等方面采取了一系列举措，建设了共

① 曾任北京大学校长。

300 多门通选课。

与课程改革同步推进的是举办元培计划实验班，进行小范围全方位的改革实践。元培实验班在低年级实行通识教育和大学基础教育，在高年级实行宽口径的专业教育，在学习制度上实行在教学计划和导师指导下的自由选课学分制。具体在学习和生活上的主要制度安排是：其一，在低年级实施通识教育，学生入学时不分专业，只按文理两类招生，入学后，首选学习通识教育选修课和学科大类平台课；其二，自主选择课程和专业，学生根据自身特点和兴趣在教学计划和导师指导下自由选课，在对自身特点、北大的学科状况、专业设置、培养目标以及其他情况有了进一步了解后，选择进一步学习的专业领域；其三，弹性学制，学生根据教学计划和导师指导修满规定的学分即可毕业；其四，导师制，学校从各个院系聘请有经验的教授作为导师，对学生进行全方位指导；其五，管理和生活制度上的设计与安排，学生四年全程统一由元培计划管理委员会管理，不同专业的学生混合居住，为不同学科学生的相互交流和学习创造条件。

实验班 2001 级和 2002 级由元培计划管理委员会和各个院系共同制定了单独的教学计划。其中，减少了毕业总学分要求，取消了限制性选修课，文科增加了古代汉语、逻辑与批判性思维、学术规范与论文写作、高等数学四门平台课，理科学生根据各自的兴趣选择不同层次的数学、物理、化学、生物学等平台课。学生在低年级主要选修跨学科的通识教育选修课、平台课和拟修专业的基础课。二年级选择专业后，学生到相关院系选修专业课，并可继续选修跨学科课程。这些调整在 2003 年学校修订教学计划时都基本被采纳到各个院系的教学计划中。

实验班的一个重要制度是学生在学校教学资源允许的条件下自由选择专业。元培计划管理委员会通过摸索，采取循序渐进、逐步到位的操作方式，要求学生在第二学期末提出专业意向，在第三学期末确定专业。此后如果学生对所选专业感到不适应或者兴趣发生变化，仍然可以进行一些调整。实验班采取弹性学制，为学生的成长提供了更广阔的空间。部分学有余力的学生多选择了一些他们感兴趣的课程；学习困难的学生每学期减少选课学分，减轻了学习压力；个别暂时难以确定专业方向的学生增加了思考和选择专业的时间。2001 ~ 2013 年（2007 年，北京大学元培学院正式成立），元培学院共招收了 13 届学生，总数达 2180 人。①

① 陈浩，马陆亭．中国教育改革大系——高等教育卷［M］．武汉：湖北教育出版社，2019：193.

第八章

2010 年至今：一流本科教育的建设

进入 21 世纪后，随着社会经济的发展与转型，对本科教育提出了越来越高的要求，教育行政主管部门和部分院校启动并实施了一系列项目或计划以提高本科教育质量。尤其是在“双一流”建设启动后，建设一流的本科教育成为建设世界一流大学的基本诉求和战略方向。

第一节　一流本科教育的时代背景

一、“双一流”政策的实施

（一）“双一流”政策的实施过程

党的十八大以来，以习近平为核心的党中央提出要实现中华民族伟大复兴的中国梦，描绘了“两个一百年”的宏伟蓝图，我国进入社会主义现代化建设的新时代、新征程。习近平在《致清华大学建校 105 周年贺信》中指出：“办好高等教育，事关国家发展、事关民族未来。我国高等教育要紧紧围绕实现‘两个一百年’奋斗目标，实现中华民族伟大复兴的中国梦，源源不断培养大批德才兼备的优秀人才。”[①] 在这一指示下，加快建设世界一流大学和一流学

① 新华网．习近平致清华大学建校 105 周年贺信［EB/OL］.（2016-04-22）. http：//www.xinhuanet.com/politics/2016-04/22/c_1118711427.htm.

科，实现高等教育的内涵式发展，成为我国高等教育面临的紧迫议题。

2015 年 8 月 18 日，中央全面深化改革领导小组审议通过《统筹推进世界一流大学和一流学科建设总体方案》。2015 年 10 月，国务院正式印发《统筹推进世界一流大学和一流学科建设实施办法（暂行）》，提出了遴选的条件、程序和支持方式，“双一流”建设全面启动。2017 年 9 月，教育部、财政部、国家发展改革委印发《关于公布世界一流大学和一流学科建设高校及建设学科名单的通知》，在名单中世界一流大学建设高校为 42 所，世界一流学科建设高校为 95 所。从 2017 年 12 月起，清华大学、北京大学、复旦大学、上海交通大学、北京师范大学、中国农业大学、中国人民大学、南开大学等高校的“双一流”建设方案陆续公布。

“双一流”建设方案的总体目标是促进高等教育的内涵式发展，到 21 世纪中叶，将我国建设成为高等教育强国。在总体目标达成的步骤上，总体目标确定为三个目标层次：第一步，到 2020 年，若干所大学和一批学科进入世界一流行列，若干所学科进入世界一流学科前列；第二步，到 2030 年，更多的大学和学科进入世界一流行列，若干所大学进入世界一流大学前列，一批学科进入世界一流学科前列，高等教育整体实力显著提升；第三步，到 21 世纪中叶，一流大学和一流学科的数量和实力进入世界前列，基本建成高等教育强国。

“双一流”建设任务是实现高等教育的内涵式发展。总体方案强调，建设与改革，体现内涵式发展是“双一流”建设的根本性要求。为此，“双一流”建设确定了五项基本建设任务和五项改革任务。

“双一流”5+5 建设与改革任务：

五大基本建设任务：培养拔尖创新人才、建设一流师资队伍、提升科学研究水平、传承创新优秀文化、着力推进成果转化。

五项改革任务：加强和改进党对高校的领导、完善内部治理结构、实现关键环节突破、构建社会参与机制、推进国际交流合作。

依托“双一流”的建设方案，高等教育的内涵式发展建立了以“结构、质量和制度”的三重关键要素。

从结构上看，“双一流”从宏观上确定了高校在国家和区域战略布局中的地位，明晰“建设什么样的大学”，微观上则要求优化学生结构、师资结构、学科结构、课程结构等在内的一系列学校资源的规划与分配，明确“怎样建设这样的大学”。从质量上看，提高质量是“双一流”建设的核心标准，且主要聚焦于五个卓越，即聚焦卓越学科、聚焦卓越教学、聚焦卓越人才、聚焦卓越服务、聚焦卓越文化。从制度上看，“双一流”建设对高等教育的制度改革提出了新的要求，相比较短期资源投入的局限性，需要着力进行制度创新，全面深化综合改革，整合办学资源，激发人才潜能，释放发展活力，这就需要围绕学科专业、编制、岗位、职称、薪酬分配等重点领域，开展依法治校和内部治理建设。

在国家“双一流”政策的影响下，各地政府纷纷加大了世界一流大学和一流学科建设的力度。据不完全统计，2017 年 1~3 月，在国家《统筹推进世界一流大学和一流学科建设实施办法（暂行）》出台不足三个月的时间内，北京、上海、山东等 20 多个省（自治区、直辖市）出台了未来 5~10 年的大学发展和学科建设方案。各地的“双一流”建设如火如荼，推动各地高等教育的发展。

（二）“双一流”政策对本科教育的影响

在教育史上，世界一流大学一直是培养拔尖人才的摇篮。截至 2016 年，哈佛大学、哥伦比亚大学、剑桥大学、芝加哥大学、麻省理工学院、加州大学伯克利分校、牛津大学、斯坦福大学、耶鲁大学、巴黎大学十所世界一流大学获得诺贝尔奖的人数占历年获奖人数总量的 90% 以上。① 就此来看，中国要建设世界一流大学，首先需要做好一流的本科教育，这既是一流大学的具体指标，也是一流大学的催化剂和基础。

首先，一流本科教育是建设世界一流大学的重要基础。本科教育是高等教育的基础组成部分。从历史上看，一流大学的成长离不开卓越的本科教育，虽然在社会发展的过程中，大学的职能、层次不断分化，但是本科教育依然是大学赖以存在的基础，因为它彰显了一所大学的人才培养、办学特色、历史底蕴。拥有一流本科教育的大学，必然会拥有良好的学术生态和办学环境，也就能吸引一流的师资和资源，这对于推进一流大学建设会起到积极的推动作用。

其次，一流本科教育是建设世界一流大学的重要载体。“双一流”建设成

① 搜狐网．从获诺贝尔奖最多的大学看双一流大学的差距在哪？[EB/OL]．(2017-07-19)．https：//m.sohu.com/a/158343329_619042.

效是建立在一定指标基础上的，无论是从当今世界的各类大学排名指标看，还是从各种大学评价指标看，人才培养始终是评价的基础和核心指标，它直接反映了一所大学的真实竞争力。无论大学的科研职能或是服务社会的职能如何发展或重要，若是大学的人才培养职能受到忽视，那么一流的大学必将走向衰落，这在国际上早有案例可循。如“二战”后美国高等教育科研实力不断提升，对大学本科教育空间不断蚕食，引发了全美高等教育的危机，德里克・博克、哈瑞・刘易斯等纷纷批评和反思哈佛等世界一流大学本科教育丧失了远大教育目标，并导致了美国高等教育质量的严重下滑。1998 年，卡内基教育促进基金会呼吁要重新审视本科教育的地位和使命，推进根本性变革，构建教育的新范式。从我国的现实情况看，随着高等教育走向大众化和普及化，社会对大学的评价形式越来越多样，包括校友满意度、雇主评价等在内的评价形式催生了对大学本科教育质量的全面监督，若是没有精心设计的专业、课程，没有优质的师资和资源投入，势必会影响大学的声誉，并进一步导致大学投入全面下滑，引发大学的生存危机。

二、高等教育质量工程的全面推进

早在教育部《2003-2007 年教育振兴行动计划》中就提到了要开展“高等学校教学质量与教学改革工程”。2007 年，教育部、财政部联合印发了《关于实施“高等学校本科教学质量与教学改革工程”的意见》，正式启动了“高等学校教学质量与教学改革工程”（以下简称“质量工程”）。“质量工程”首次聚焦本科教学，并带有高等教育转型期的鲜明时代烙印。党的十八大后，建立高等教育强国的目标成为国家重要战略，其中保障和提升高等教育质量是高等教育强国目标的重要指标。2010 年印发的《国家中长期教育改革和发展规划纲要（2010-2020 年）》进一步指出，“提高质量是高等教育发展的核心任务，是建设高等教育强国的基本要求”。为落实中央精神，教育部、财政部于 2011 年 7 月印发了《关于“十二五”期间实施“高等学校本科教学质量与教学改革工程”的意见》，明确指出“我国教育事业已经站在从教育大国向教育强国、从人力资源大国向人力资源强国迈进的新的历史起点上。高等教育作为科技第一生产力和人才第一资源的重要结合点，在实现‘由大到强’的转变中起着十分重要的作用”。这一论述成为本科教学工程的出发点和落脚点，它所肩负的使命就是提高高等教育质量，推动高等教育实现“由大到强”的根本转变。

从 2012 年 3 月教育部出台的《关于全面提高高等教育质量的若干意见》（以下简称“高教 30 条”）到 2018 年出台的《关于加快建设高水平本科教育全面提高人才培养能力的意见》（以下简称“新时代高教 40 条”），我国本科教学改革在保证质量的基础上更加追求卓越，教学改革的层面和目标更高，坚持“以本为本”，致力于打造“一流本科、一流专业、一流人才”。2012 年 3 月，教育部印发《高等教育专题规划》，确立了“提高人才培养质量”等 11 项主要任务和“高等教育人才培养质量提高计划”等五个重大项目。同时，“高教 30 条”中提出要“巩固本科教学基础地位，完善国家、地方、高校三级本科教学工程体系，发挥建设项目在推进教学改革、加强教学建设、提高教学质量上的引领、示范、辐射作用。”2012 年 9 月，为贯彻落实教育规划纲要提出的要适应国家和区域经济社会发展需要，不断优化学科专业结构的要求，教育部印发了《普通高等学校本科专业目录（2012 年）》和《普通高等学校本科专业设置管理规定》。2013 年 2 月，教育部、国家发展改革委、财政部联合印发《中西部高等教育振兴计划（2012-2020 年）》，提出要“发挥国家和省两级教改项目的引领示范作用，引导中西部地方高校深化教育教学改革、加强教学基本建设、提高人才培养质量”。2013 年 12 月，教育部启动“普通高等学校本科教学工作审核评估”。2015 年 5 月，国务院办公厅印发《关于深化高等学校创新创业教育改革的实施意见》，提出到 2020 年建立健全课堂教学、自主学习、结合实践、指导帮扶、文化引领融为一体的高校创新创业教育体系。2015 年 10 月，国务院印发《统筹推进世界一流大学和一流学科建设总体方案》，要求“坚持立德树人，突出人才培养的核心地位，着力培养具有历史使命感和社会责任心，富有创新精神和实践能力的各类创新型、应用型、复合型优秀人才”。2016 年 6 月，教育部出台《中央部门所属高校深化教育教学改革的指导意见》，提出要在统筹推进一流大学和一流学科建设进程中，建设一流本科教育。2018 年 2 月，教育部出台《普通高等学校本科专业类教学质量国家标准》，突出“学生中心、产出导向和持续改进”。2018 年 6 月，全国本科教育工作会议的召开更是将本科教育提到了国家战略的层面，提出“人才培养是本，本科教育是根”，会后出台了“新时代高教 40 条”，提出了“围绕激发学生学习兴趣和潜能深化教学改革”等 10 个方面的指导性意见，形成了未来一段时期做好高校人才培养工作的重要“施工图”。2018 年 8 月，教育部、财政部、国家发展改革委联合印发《关于高等学校加快“双一流”建设的指导意见》，明确提出高校要深化教育教学改革，形成高水平人才培养体系，提高人才培养质量。

【模式创新案例一：陕西师大创新本科实验课教学模式】

陕西师大基础实验教学中心面向一、二年级本科生开设的“大学科学实验”选修课，课程内容融合了化学、物理、生物、食品等多门学科，设计有自然现象类、生活常识类、实验技术类和信息科学类39个实验项目，深受学生喜爱，年年爆满。

“‘大学科学实验’主要是帮助本科生训练科学的实验思维，提高实验能力，为他们今后的学习打下基础。”该校材料科学与工程学院教授胡道道说，“课程综合交叉性强，能激发学生对科学的兴趣，特别是可以弥补文科生因过早文理分科造成的知识缺陷。”

长期以来，陕西师范大学就有重视基础课教学的优良传统。为适应社会发展对复合型、交叉型、创新型人才的需求，2011年，学校改革了多年来形成的各学科基础实验教学独立进行的教学模式，成立物理、化学、材料、生物、地理、食品、计算机等多学科融合的基础实验教学中心，对全校基础实验教学实验室进行集中管理、整体规划、统一建设，并负责组织日常实验教学及教研活动。

“2012年至2017年，中心共投入6179万元用于实验室改造和实验设备购置。”该校高级实验师卫芬芬介绍，“实验仪器设备不断更新，套数持续增加，实现了生均一台仪器，人人可以动手做实验，学生实验技能提高很快”。

据统计，2012年以来，该校基础实验教学中心整合3个国家级、4个省级实验教学示范中心优质资源，建设了多学科融合实验平台，每年为全校8000余名本科生开设了71门实验课，实验项目573个；综合性实验课7门，实验项目156项。多种形式的创新实验，使得教学内容日趋丰富，学生实践创新领域不断拓展。师生们明显感觉到，实验课堂比以前热闹了，大家参与的积极性更高了。

多学科融合还搞活了实验教师的教研活动，“孵化”出了一大批实验教学骨干。中心组织多名骨干教师和实验技术人员组成了光学、电磁学、化学、教育机器人及人工智能虚拟现实5个研发团队。

“经过7年探索，中心形成了以‘四融四共’为特点的多学科融合式基础实验教学模式，按下了师生实践创新能力培养的‘快进键’。”该校基础教学实验中心主任张尊听说。其中，“四融四共”即融合全校基础实验教学资源、融合不同学科的教学队伍、融合不同专业的实验课程内容、融合分散化的教学管理，实现多学科基础实验教学资源共享、教学队伍共建、教学活动共度、教学问题共商。近年来，实验教学教师共承担各类教改项目149项，获省部级以上教学奖13项，创制科教仪器60种，获授权专利62件，全国仪器展获奖29项，发表论文136篇，出版教材16部。学生承担国家级“双创”项目534项，2300余人次在国内外各种创新竞赛中获奖。

【模式创新案例二：南京大学实施“十百千”优质课程建设】

2016年，南京大学专门发布了《南京大学关于加强优质课程建设的实施意见》，提出实施“十百千”优质课程建设，即建设十门量级处于国际先进水平的示范性精品课程、百门量级具有国内重要影响的精品教改新型课程和精品学科专业核心课程、千门量级体现南京大学先进教学水平的课程，为不同类型的学生提供个性化、多样化、高质量的课程群。

优质课程建设的思路是什么？“融合价值引导与专业素养是南大课程的建设方向，同时我们也积极推动学科建设与本科教学相互融通，科研优势不断转化为教学优势、学科资源不断转化为教学资源。”该负责人介绍。

他举例说，由长江学者、天文与空间科学学院教授李向东主持的“宇宙简史”课程融合了思想政治教育与理工科课程，有机融合了天文知识与马克思主义的世界观、方法论，深度融合了信息技术与教育教学，是南京大学新型专业课的一个“样板”。

怎样让教师潜心教学，学生主动学习？南京大学通过“邀、聘、提、扬、止”等一系列举措，营造了“教学为责、教学为乐、教学为荣”的文化，形成了重视教学学术、追求卓越教学的良好氛围。

“邀，即实施‘百位名师邀约计划’，2018年计划邀约来自美国威斯康星大学、美国贝尔实验室等14位境内外专家学者走进南大课堂。聘，就是完善职称和岗位聘任中本科教学工作质与量的标准，大力推行‘同学欢迎、同行认可、校友满意’的教学工作评价和公开课评估制度。提，即建立高质量的教师教学发展支持与服务体系，目前已组建教学团队40余个，结对培养了70余名青年教学骨干。扬，就是设置多层次教学奖励体系，使为本科教学做出贡献的优秀教师得到应有的尊重和更广范围的认可。”该负责人说，而“止”是指健全

“劣课”退出机制和教师教学预警机制，对教学质量始终处于较低水平的教师做转岗处理。

在调动学生积极性方面，南京大学通过打造“主体性”“挑战性”学习文化，提升学分“含金量”，让青年学生主动学。首先，由“学生定制”课程，把主动权还给学生，目前已开设DIY课程50余门。其次，建立学习激励与约束机制，构建学生荣誉学分体系，营造自主学习氛围；同时开展学业评价改革，将学业评价嵌入人才培养的全过程，实施过程性评价。再次，推进研究性教学，以研究为导向，在研究中学习、在学习中研究。最后，信息技术是必不可少的一环，开展翻转课程改革，为学生主动参与、独立思考、自主探究、相互合作提供教学环境和平台支撑，目前已有近百门课程实现“翻转课堂”。

三、符合个性化发展和社会需求是根本宗旨

一流本科教育的最终走向是建立一个既符合人的发展规律，又符合社会发展需求的人才培养框架。从前者来看，就是要注重人才培养的多样化和个性化，针对不同的人才类型和发展诉求，建立多元化的人才培养规格的平台和机制，同时落实以学生为中心，激发学生的学习兴趣和潜力，突出学生学习的自主性和主体性，给予个体充分的发展空间和实践，使个人可以根据志趣和潜质选择专业和方向。

此外，在符合人的发展规律的同时，本科教育能否成为一流的关键在于其毕业生能否得到社会的认可，能否满足社会的发展需求和未来发展的需要。

第二节　一流本科教育的国家战略

一、“六卓越一拔尖”计划

教育部高等教育司在2018年的工作要点中推出“六卓越一拔尖”计划的2.0版本，并以此为依托，提出建设一批“一流本科、一流专业、一流人才”

示范引领基地。其中，“卓越计划”和“拔尖计划”是“六卓越一拔尖”计划的重要组成部分。

“拔尖计划”是 2009 年由教育部、中共中央组织部、财政部共同组织实施的一项国家战略性人才培养计划（民间简称“珠峰计划”），被认为是回应“钱学森之问”而实施的重要举措。北京大学、清华大学等 11 所高校成为首批试点高校。在 1.0 计划期间，有 20 所知名高水平大学参与试点，试点学科集中在数学、物理学、化学、生物科学和计算机科学等领域。2019 年，2.0 版本出台，目标是经过五年的努力，建设一批国家青年英才培养基地，拔尖人才选拔、培养模式更加完善，培养机制更加健全，基础学科拔尖学生培养计划引领示范作用更加凸显，初步形成具有中国特色、世界水平的基础学科拔尖人才培养体系，一批勇攀科学高峰、推动科学文化发展的优秀拔尖人才崭露头角。2.0 版本计划增加天文学、地理科学、大气科学、海洋科学、地球物理学、地质学、心理学、基础医学、哲学、经济学、中国语言文学、历史学。

“卓越计划”始于 2010 年，由教育部组织实施，这一计划包括六个子计划，包括卓越工程师教育培养计划、卓越医生教育培养计划、卓越农林人才教育培养计划、卓越法律人才教育培养计划、卓越教师培养计划和卓越经济人才培养计划。在人才培养模式方面，“卓越计划”致力于探索高校与行业、企业联合培养人才的新机制，强调专业集成与创新能力培养。

二、“双万计划”

在双一流建设、新工科建设的背景下，尤其是 2017 年教育部在复旦大学、天津大学分别进行研讨会，形成新工科建设的“复旦共识”和“天大行动”，以及教育部在北京形成新工科建设的“北京指南”后，国内高等教育界提出了探索新工科的新理念、新结构、新模式、新质量、新体系，设置和发展一批新兴工科专业，以及推动现有工科专业改革创新等声音。结合 2018 年新时代全国高等学校本科教育工作会议等顶层设计，2019 年 4 月，教育部办公厅发布了《关于实施一流本科专业建设“双万计划”的通知》。“双万计划”是新时期高等教育内涵式发展政策的深化，是一流本科建设的具体行动。

在 2019 年《关于实施一流本科专业建设“双万计划”的通知》中，决定于 2019~2021 年建设 10000 个左右国家级和 10000 个左右省级一流本科专业点。2019 年遴选了 4000 个左右国家级一流专业建设点。“双万计划”分三年实施，经高校申报、教指委推荐等程序，确定建设点名单。同时根据前期建设情况，进行动态调整和统筹。“双万计划”建设的原则是：①面向各类高校。在不同类型的普通本科高校建设一流本科专业，鼓励分类发展、特色发展。②面向全部专业。覆盖全部92个本科专业类，分年度开展一流本科专业点建设。③突出示范领跑。建设新工科、新医科、新农科、新文科示范性本科专业，引领带动高校优化专业结构，促进专业建设质量提升，推动形成高水平人才培养体系。④分赛道建设。中央部门所属高校、地方高校名额分列，向地方高校倾斜；鼓励支持高校在服务国家和区域经济社会发展中建设一流本科专业。⑤“两步走”实施。报送的专业首先须被确定为国家级一流本科专业建设点；然后通过教育部组织开展的专业认证后方可确定为国家级一流本科专业。

三、创新创业教育

创新创业教育是针对传统灌输式的教学模式而提出来的，创业教育由就业问题而引发，两者均旨在通过改革人才培养模式中的弊端来提高人才培养质量。1999年颁布的《关于深化教育改革全面推进素质教育的决定》中，将创新和创业放在一起，作为人才培养的内容，要求高校重新重视大学生的创新能力、实践能力和创新精神。20世纪90年代末期，各种创业大赛出现。2002年，教育部选择清华大学等九所高校进行了创业教育试点，意味着国家开始通过创业教育试点的方式，鼓励各个高校通过不同的方式尝试创业教育，探索适合我国国情的创业教育。

2010年，我国高校创新创业的专门性政策出台。教育部颁布的《关于大力推进高等学校创新创业教育和大学生自主创业工作的意见》中首次用“创新创业教育”替代“创业教育”。该意见提出，“创新创业教育是适应经济社会和国家发展战略需要而产生的一种教学理念与模式”。具体而言，“创新创业教育要在专业教育基础上，以转变教育思想、更新教育观念为先导，以提升学生的社会责任感、创新精神、创业意识和创业能力为核心，以改革人才培养模式和课程体系为重点，大力推进高等学校创新创业教育工作，不断提高人才培养质量。”在这个政策文件的指导下，高校的创新创业教育进入了新的发展阶段。2012年8月，教育部印发《普通本科学校创业教育教学基本要求（试行）》，对普通本科学校创业教育的教学目标、教学原则、教学内容、教学方法和教学组织作出了明确规定。同时，该要求还制定了“创业基础”的教学大纲，标志着高校创业教育课程与教学走向了规范化。这些专门性文件的颁布，从国家战略的层面到具体的实施环节都进行了系统化、制度化的规定，从而使得高校创新创业教育进入全面推进阶段。2015 年，全面深化高校创新创业教育改革的系列文件出台。其中，2020 年 5 月，国务院颁布《关于深化高等学校创新创业教育改革的实施意见》，提出“到 2020 年建立健全课堂教学、自主学习、结合实践、指导帮扶、文化引领融为一体的高校创新创业教育体系，人才培养质量显著提升，学生的创新精神、创业意识和创新创业能力明显增强，投身创业实践的学生显著增加”。同时，该意见对深化高等学校创新创业教育改革的人才培养标准、人才培养机制、创业课程体系、教学方法和考核方式、创新创业实践等方面做了明确的要求。2016 年，《教育部关于做好 2016 届全国普通高等学校毕业生就业创业工作的通知》中明确要求，“从 2016 年起所有高校都要设置创新创业教育课程，对全体学生开发开设创新创业教育必修课和选修课，纳入学分管理”。系列文件的颁布标志着中国高校创新创业教育进入了在国家统一领导下深入推进的新阶段。该阶段的高校创新创业教育已经由“以创带就”拓展为以大众创业、万众创新驱动经济社会发展，创新创业教育的实质拓展为以创新为基础的创业，支持创新者去创业，使创新创业成为驱动经济社会发展的引擎。[①] 截至 2016 年底，全国高校开设了创新创业教育课程共 2300 门，创办了高校创新创业教育协会、创业俱乐部超过 10000 个，从事创新创业教育的高校教师超过 26000 人。[②]

四、高等教育教学质量国家标准

2010 年，《国家中长期教育改革和发展规划纲要（2010-2020）》明确规定了“制定教育质量国家标准”的总体要求。2013 年，教育部启动了专业质量国家标准的研制工作，此项工作由教育部委托 92 个专业类教学指导委员会完成，专家组由包括 50 多名两院院士在内的 5000 多名教授组成，历经四年多，经过数百次的工作研讨会和征求意见会，最终定稿。2018 年 1 月 30 日，教育部发布《普通高等学校本科专业类教学质量国家标准》（以下简称《专业质量国

① 任胜洪，刘孙渊．高校创新创业教育政策的演进逻辑及展望［J］．教育研究，2018（5）．

② 教育部副部长林蕙青：全国高校开展双创教育课程逾 2300 门［EB/OL］．（2017-09-25）．http：//www. edu. cn/xxh/xy/cxcy/201709/t20170925_1556571. shtml.

家标准》），这是自中华人民共和国成立以来国家发布的第一个教学质量国家标准。《专业质量国家标准》是本科专业建设的纲领性文件，它的颁布将进一步促进我国高等教育落实立德树人的根本任务，实现内涵式发展，不断提高教育教学质量，为建设中国特色的高等教育强国强基固本。

《专业质量国家标准》涵盖了本科专业目录中全部 92 个本科专业类，涉及全部 587 个本科专业、56000 多个专业点，包括适用专业范围、培养目标、培养规格、师资队伍、教学条件、质量保障体系等八个方面的内容，列出了各专业类知识体系和核心课程建议，并对有关量化标准进行了定义。特别是，在每个专业类标准中，都有对社会主义核心价值观教育、思想政治教育的内容要求，要求专业教育与思想政治教育有机结合，高校要培养德智体美全面发展的社会主义建设者和接班人。专业质量国家标准具有“三大特点”：一是既有“规矩”又有“空间”，既对各专业类提出统一要求 、保障基本质量标准，又为专业人才培养的特色留有足够拓展空间，下有保底、上不封顶。二是既有“底线”又有“目标”，既对各专业类提出教学基本要求，兜底线、保合格，同时又对提升质量提出前瞻性要求，要求专业“追求卓越”。三是既有“定量”又有“定性”，既对各专业类标准提出定性要求，又包含必要的量化指标，能够做到可比较、可核查。

第三部分

案例研究篇

第九章

美国精英文理学院：精英本科教育的典范

美国大学系统中存在有这样一类高校，它们（大多没有研究生教育，即使有也是把精力放在本科教育上）全心全意办本科教育，它们实施“以学生为中心”的教育，它们培养出众多厚积薄发的优秀人才，它们的做法成为很多国家本科教育改革的榜样，它们就是美国本科学院的杰出代表——美国精英文理学院。[①] 史秋衡、陈志伟统计研究发现，美国自建国以来在各行业的顶尖人才中，有近20%的国家科学院院士、9%的富布莱特奖学金获得者、24%的梅隆奖获得者、8%的美国财富杂志最富有的CEO，以及众多普利策奖获得者都是从文理学院获得过学士学位的。[②]

> 与众不同的学院，是美国教育系统中的浪漫元素。
>
> —Clark B R. 1992. The Distinctive College. New Brunswick：Transaction Publishers：4
>
> 文理学院是美国高等教育发展历程中不容忽略的一笔，文理学院堪称美国“以学生为中心”的本科教育的“活化石”。
>
> ——王春春《美国精英文理学院的本科教学模式》

① 在卡内基2010年高等教育机构分类标准中，将美国4635所高等教育机构分为六大类，即博士类研究型大学、硕士类学院和大学、本科学院、授予副学士学位的学院、各类专门院校、部落学院和大学，其中，本科学院又分为三个类别，即文理学院、普通本科学院、可授予学士学位和副学士学位的学院。文理学院又分为精英文理学院（Selective Liberal Colleges）、教派文理学院（Denominational Liberal Arts Colleges）和普通文理学院（General Liberal Arts College）。

② 史秋衡，陈志伟．发达国家顶尖人才培养体系特征研究［J］．教育研究，2016（6）：134.

一、美国精英文理学院的源起

美国文理学院（Liberal Arts College）是美国高等教育的先行者，美国本土历史最悠久的高等学府哈佛大学，其前身就是文理学院。[①] 美国最早的文理学院除哈佛学院外，还有1693年建立的威廉玛丽学院和1701年建立的耶鲁学院。王春春（2017）的相关研究表明，美国现有200多所文理学院，其中前100所左右的学校办学性质基本保持了一定的稳定性，前50名学校为高选拔性学校，即我们所说的"精英文理学院"。[②] 在美国享有盛名的精英文理学院，包括有"小三杰"（Little Three）和"七姊妹"（Seven Sisters）[③] 等，如"七姊妹"之一的卫斯理学院（Wellesley College），就是位于美国马萨诸塞州的一所著名女子学院，著名儿童文学家冰心和中国近代杰出政治家、外交家宋美龄均毕业于这所学校。这些精英文理学院比美国其他类型高校更多地表现出最好的本科教育实践。"最好的本科教育实践"是指对学生的发展、学习和学习效果产生良好影响的实践。学生在毕业后的五六年内大多进入研究生院或专业学院深造，且获得博士学位的人数在校友中所占比例也非常高，为许多其他类型的高校所不及。美国大学里的研究生院通常也很青睐文理学院的毕业生，这与文理学院更加注重培养学生广博的学科视野和扎实的基本功密不可分。[④]

近40年来，由于"政府引领下的社会发展主流思想及其相应措施构建了一个崇尚实用的大环境""文理学院的博雅教育让位于职业教育是一个理性指导下的现实选择"[⑤] 等影响，文理学院遭遇到巨大挑战，即美国经济社会发展对职业教育需求大增，严重冲击到坚守博雅教育的文理学院，这种冲击的结果具体来说有四种情况：有的逐渐发展为综合性大学或学院，有的逐渐变成小型专

① 哈佛大学建于1636年，最早由马萨诸塞州殖民地立法机关创建，初名为"新市民学院"，1639年3月更名为"哈佛学院"（Harvard College），是为了纪念在成立初期给予学院慷慨支持的约翰·哈佛牧师而更名的。1780年，哈佛学院正式更名为"哈佛大学"（Harvard University）。

② 王春春．美国精英文理学院的本科教学模式［M］．北京：科学出版社，2017：6.

③ "小三杰"指威廉姆斯学院（Williams College）、阿默赫斯特学院（Amherst College）、斯沃斯摩尔学院（Swarthmore College）；"七姊妹"指史密斯学院（Smith College）、卫斯理学院（Wellesley College）、巴纳德学院（Barnard College）、瓦萨学院（Vassar College）、布林茅尔学院（Bryn Mawr College）、曼荷莲学院（Mount Holyoke College）以及拉德克里夫学院（Radcliff College）.

④ 王春春．美国精英文理学院的本科教学模式［M］．北京：科学出版社，2017：11.

⑤ 卓泽林．当前美国文理学院的办学理念和模式研究［J］．复旦教育论坛，2017（5）：111.

业型职业学院，有的在竞争中消失，有的则坚守传统，历经上百年仍熠熠生辉并不断焕发新的生机。但精英文理学院在职业教育的冲击下，仍然呈现出财务状况很好、生源充足、学费住宿费不断上涨、生源供大于求等良好的运行情况（见表9-1）。

表9-1　2019~2020年美国文理学院（National Liberal Arts Colleges）排名TOP20

排名	学校名称	学费（美元）	住宿费（美元）	地址	学生总规模
1	威廉姆斯学院 Williams College	57280	14990	880MainStreet，Williamstown，MA 01267丨（413）597-3131	2127
2	阿默赫斯特学院 Amherst College	58640	15310	PO Box 5000，Amherst，MA 01002丨（413）542-2000	1855
3	斯沃斯摩尔学院 Swarthmore College	54656	16088	500 College Avenue，Swarthmore，PA 19081丨（610）328-8000	1559
3	卫斯理学院 Wellesley College	56052	17096	106 Central Street，Wellesley，MA 02481丨（781）283-1000	2350
5	波莫纳学院 Pomona College	54762	17218	333 N CollegeWay，Claremont，CA 91711丨（909）621-8000	1679
6	鲍登学院 Bowdoin College	56350	15360	255 Maine Street，Brunswick，ME 04011丨（207）725-3000	1828
7	卡勒顿学院 Carleton College	57111	14658	1 N. College Street，Northfield，MN 55057丨（507）222-400	2，097
7	克莱尔蒙特麦肯纳学院 Claremont McKenna College	56475	17300	500 E. 9th Street，Claremont，CA 91711丨（909）621-8000	1327
7	米德尔布里学院 Middlebury College	56216	16032	Middlebury，VT 05753丨（802）443-5000	2626
10	华盛顿与李大学 Washington and Lee University	54830	14845	204W. WashingtonStreet，Lexington，VA 24450丨（540）458-8400	2223
11	科尔比学院 Colby College	57280	14720	4000 Mayflower Hill，Waterville，ME 04901丨（207）859-4000	2000

续表

排名	学校名称	学费（美元）	住宿费（美元）	地址	学生总规模
11	哈弗福德学院 Haverford College	56698	16770	370 LancasterAvenue, Haverford, PA 19041 | (610) 896-1000	1310
11	史密斯学院 Smith College	54224	18130	7 College Lane, Northampton, MA 01063 | (413) 585-2700	2918（本科生2594）
14	格林尼尔学院 Grinnell College	54354	13292	Grinnell, IA 50112 | (641) 269-4000	1716
14	汉密尔顿学院 Hamilton College	56530	14360	198 College Hill Road, Clinton, NY 13323 | (315) 859-4011	1915
14	瓦萨学院 Vassar College	58770	14720	124 Raymond Avenue, Poughkeepsie, NY 12604 | (845) 437-7000	2456
17	科尔盖特学院 Colgate University	58045	14540	13 Oak Drive, Hamilton, NY 13346 | (315) 228-1000	2969
17	戴维森学院 Davidson College	53049	14803	209 Ridge Road, Davidson, NC 28035 | (704) 894-2000	1843
17	美国海军学院 United States Naval Academy	N/A	N/A	121 Blake Road, Annapolis, MD 21402 | (410) 293-1000	4512
17	卫斯理大学 Wesleyan University	57004	16799	237 High Street, Middletown, CT 06459 | (860) 685-2000	3217

资料来源：《美国新闻与世界报道》。

随着21世纪以来特别是近几年全球人工智能（AI）的飞速发展，重新回到博雅教育的趋势似乎有所抬头。正如赵炬明所说，“AI的特点是机器将部分取代大脑，大量以简单思维和循环思维为特点的工作岗位都会消失，从而引发第三次工业革命。如果说第一、第二次工业革命中机器代替肌肉，极大地改变了体力劳动，AI革命将取代简单智力劳动，极大地改变人类的脑力劳动方式。这将挑战目前的职业教育。为此需要重回博雅教育，把思维训练和人性养成作为本科教育的重点”。[①] 作为人的教育而不是仅作为劳动者、就业者的教育，会随着人工智能时代的到来，越加显现出其勃发的生机。因此，美国文理学院或博雅教育的复兴趋势还是值得期待的。

二、美国精英文理学院的典型特征

2000 年阿斯汀在大量实证研究的基础上，对精英文理学院与非精英文理学院的教育实践提出了 10 个方面的区别。[②] 基于中国本土本科教育实践，我们认为以下典型特征具有重要学习借鉴意义。

(一) 把博雅教育作为本科人才培养的重要模式

王春春在广泛关注美国精英文理学院和深入观察麦卡莱斯特学院（Macalester College）的基础上，对当代文理学院博雅教育定义为：一种有着悠久历史传统的精英教育，以培养具有智识、社会责任感和领导力的人才为目标，以兼具统一性和多样性特点的专业设置、学程安排、课程教学和住宿生活为载体，以一系列以教学为中心的教师管理制度、以学生为中心的教学管理制度和以教授治校为主导的学校治理制度为保障，通过多种方式在校园里营造积极的、富有支持性和凝聚力的共同体氛围，通过促进学生在各种正式和非正式教育活动中的参与和融入，进而促进学生的成长与发展。王春春套用国内知识、能力、素质“三位一体”人才培养模式分析框架，对博雅教育进行了更加深入的研究，认为博雅教育的知识层面，主要目的是拓宽视野和打牢基础，包括对文理学科有广泛的了解，通过课程学习了解具体学科的理论和方法；博雅教育的能力层面，特别注重培养学生的有效运用信息资源的能力，善于进行批判性、分析性和逻辑性思考的能力与善于运用口头和书面形式表达的能力；博雅教育的素质层面，包括学会为自己的个人选择、社会选择和智力方面的选择承担责任，对其周围的世界作出成熟的判断和解释，成为负责任的公民。[③]赵炬明概括博雅教育的基本目标是“拓宽视野、价值塑造、思维训练、发展心智、注重长期

---

①③　王春春．美国精英文理学院的本科教学模式［M］．北京：科学出版社，2017.

②　这 10 个方面的区别是：师生之间频繁的交流合作、学生之间频繁的交流互动、用于服务学生的经费充足、多元化师资、重视学科交叉与人文类课程、重视开设写作课程、频繁使用定性评价、考试中不经常使用多项选择、经常让学生进行独立研究、经常让学生参与教师的研究。

发展”。①

解析王春春关于博雅教育的定义，我们不难发现其与国内许多高校的人才培养目标似曾相识，但仔细剖析其长定义后的蕴意又不难发现，美国当代精英文理学院的博雅教育是在因袭传统自由教育核心品质②基础上，围绕人才培养目标和“以学生为中心”而构建起来的必要教育载体、必要管理制度或治理制度、必要的共同体氛围的系列办学理念与发展战略。这与我们现实常见的一些以通识课程代替博雅教育、以学生公寓代替住宿制、以课堂教学时数代替教师教学工作量、以方便管理者为目标的教学管理、以完成教学任务为主要目的教授教学工作、以获得学分为主要任务的学生学习以及校园文化与学习氛围等支持系统主要服务财政任务、领导意志等而不是切实服务师生等时弊大相径庭。

（二）长期坚持小而精的办学规模

雷洪德根据美国联邦教育部中学后教育综合数据系统（The Intergrated Post-secondary Education Data System，IPEDS）发布的 2013 年统计数据显示，美国文理学院 2012 年共招收 462451 名学生，仅占美国高校招生人数的 2.3%。在学生总体规模小的同时，美国文理学院的校均学生规模只有 1758 人。学生规模不足千人的文理学院还有 73 所，规模最小的学院只有几十名学生。精英文理学院除免学费的美国海军学院学生规模超过 4000 人，卫斯理大学达到 3217 人，史密斯学院达到 2903 人，其他学院平均学生规模基本上都保持在 2000 人左右。由此可见，美国文理学院相当稳定地保持着小规模招生的特点。③

此外，生师比较低也是美国精英文理学院办学规模小而精的内涵特色，一般在 8∶1 到 13∶1（见表 9-2）④。高昂的学费与住宿费、良性的捐赠文化与高

① 王春春．美国精英文理学院的本科教学模式［M］．北京：科学出版社，2017.

② 在古希腊时期，柏拉图提出了“七艺”的教育理念。“七艺”也被称作是“自由七艺”（Liberal Arts）。至中世纪初期，“七艺”发展成为学校中的七门课程：文法（Grammatica，包括拉丁文和文学）、修辞（Rhetorica，包括散文与诗的写作，以及历史）、逻辑（Dialectica，即形式逻辑）、算术、几何（包括地理）、天文、音乐。中世纪早期颇负盛名的西班牙基督教神学家和自然法学家伊西多又将前三科定为初级学科，称为“三艺”（Trivium），后四课定为高级学科，称为“四术”（Quadrivium），进而使得中世纪学校主要课程定型化。到了近现代，“七艺”为美国的文理学院（Liberal Arts College）所沿用，成为其最核心的教育内容。

③ 雷洪德．小学院中的大教育——美国文理学院的办学特色分析［J］．高等教育研究，2014（7）.

④ 王东芳，赵晓军．一流本科教育的导师制［J］．比较教育研究，2019（9）：72.

质量本科教育口碑共同铸就了美国精英文理学院办学规模小而精的特色。

表 9-2　美国“七姊妹”学院在校生规模与生师比①

学校名称	建校时间	在校本科生（人）	在校研究生（人）	本科生比例（%）	教师数（人）	生师比
史密斯学院	1871 年	2594	324	89	290	9：1
卫斯理学院	1870 年	2350	0	100	362	8：1
巴纳德学院②	1889 年	2682	0	100	253	9：1
瓦萨学院	1861 年	2456	0	100	342	8：1
布林茅尔学院	1885 年	1334	306	80	201	8：1
曼荷莲学院	1837 年	2334	59	98	200	9：1
拉德克里夫学院	1879 年					

另外，美国精英文理学院小而精的办学规模还具体体现在小班化教学上。雷洪德曾对卡尔顿学院（Carleton College，CC）、麦克莱斯特学院（Macalester College，MC）、圣奥拉夫学院（St. Olaf College，SOC）、伊利诺伊卫斯理大学（Illinois Wesleyan University，IWU）、湖林学院（LAKE Forest College，LFC）五所文理学院的班级规模做过相关研究，班级人数一般控制在 18 人左右，小于 20 人的班级超过 60%，大于 50 人的班级寥寥无几（见表 9-3）。③美国第一所女子学院——曼荷莲学院的班级规模与上述五所高校一样，班级规模也呈现出小而精的特点。也有很特殊的现象，只要有学生选课，人数再少也会开课，而且不会影响到教授的正常教学工作量计算。④ 学生规模少、生师比低对本科教育最直接的影响就是可以保证高频率师生互动，而高师生互动又对人才培养质量产生重要影响。

① 数据来自各学校网站（截止日期为 2020 年 3 月 15 日）。

② 昔日的“七姊妹”女子文理学院现在实质上只有 5 所：巴纳德学院 1900 年并入哥伦比亚大学，现在是哥伦比亚大学四个本科生学院之一，董事会与财政机构相对独立，并享有哥伦比亚大学的各种资源；经过漫长的教学与学位授予合作，拉德克里夫学院于 1999 年 9 月 14 日并入哈佛大学，哈佛学院承担了所有培养拉德克利夫学院女生的责任。合并之后，拉德克利夫高等研究院成立了。拉德克利夫校园转变为了今天哈佛大学里的一个新的研究场所，拉德克利夫学院的宿舍也被并入哈佛学院的住宿学园。

③ 雷洪德．小学院中的大教育——美国文理学院的办学特色分析［J］．高等教育研究，2014（7）．

④ 邬大光．走近哈佛：世界一流大学的治校文化［J］．复旦教育论坛，2019（6）：105-112.

表 9-3 六所案例学院的班级规模

学校名称	平均规模（人）	小于 20 人（%）	超过 50 人（%）
卡尔顿学院	18	65.0	1.0
麦克莱斯特学院	17	70.0	1.0
圣奥拉夫学院	—	58.0	4.0
伊利诺伊卫斯理大学	17	65.0	2.0
湖林学院	18	67.0	0.3
曼荷莲学院	—	86.0	0.9

注：前五所学校为 2012 年的数据，曼荷莲学院为 2020 年 3 月的数据。

资料来源：根据雷洪德《小学院中的大教育——美国文理学院的办学特色分析》整理而成。

（三）教师精力主要投入在本科教育上

美国精英文理学院的主要任务是本科教育，这种说法不仅通过办学理念、学生结构、经费投入、社会声誉等佐证，其中还有一个最重要的内涵特征就是教师（包括管理人员）的精力主要集中在本科教育上。

曼荷莲学院共有 200 个教师，他们中不乏普利策奖获得者、古根海姆奖获得者（Guggenheim Awards）、美国国家航空航天局资助获得者（NASA Grants）、卡内基学者（Carnegie Fellowships）等。[①] 教师每年可以得到的国家科学基金项目经费就有数百万美元，每年出版专著约 30 部，发表论文和科学报告约 150 篇，学生参与教师科研项目或专著、论文、报告撰写的机会非常多。尽管如此，教师对教学、对学生都非常尽心，师生共同完成的合作研究比例相当高，为学生进一步深造打下了扎实的研究基础，其中 96%的本科生能获得博士学位，科研育人效果在曼荷莲学院体现得非常充分。

王春春用人类学研究方法对麦克莱斯特学院的教师进行过全景式研究。为了保证学校“以学生为中心”的教学模式，麦克莱斯特学院校长认为招聘到合适的教师至关重要。对于麦克莱斯特学院来说，教师对保持和弘扬学校的传统、个性、特色、声誉发挥着重要作用，他们必须是集教师、导师、学者、管理者、朋友、合作者等身份于一身的个体，只有这样，才能确保他们在学校生活中将各种角色扮演到位。教师招聘启事发布前，麦克莱斯特学院的教师岗位需求和

① “古根海姆”基金会成立于 1925 年，旨在奖励在教育、文学、艺术和科学领域做出杰出贡献的个人，并支持他们继续在各自的领域发展和探索。

岗位说明要经过各系提出要求、系主任和学校的教育政策与治理委员会协商、教务长确定岗位名称及时间安排、招聘新教师系提供两份（一份用于避免性别与种族歧视、另一份用于说明该教师可以在学校范围内最大限度发挥作用）书面说明、教师平权委员会和教务长审议并批准岗位说明和第一份依据、教育政策与治理委员会审议岗位说明和第二份依据六道程序，以此保证学校能招聘到最合适的教师。进入面试阶段，麦克莱斯特学院要求应聘者提交的常规性材料中，还特别要求提供“一份表明其教学理念和教学兴趣的书面说明”，有时会让候选人给本科生试讲一次课并作一次学术报告，所有听课的学生和教师都可以向遴选委员会提供反馈意见。年终总结时，教师要向教务长提交一份自评报告，内容包括教学、科研和服务，但教学的描述性总结很重要，如是否开设了新课，是否采用了新方法，是否参加过有关教学会议，是否有学生投诉，等等。之后，教务长与系主任商量后，会确定每位教师的薪酬并写出年度续聘信。麦克莱斯特学院对新教师提供学术发展的经费支持、减少工作量的适应性支持、学术休假时间支持、经常性的教学培训支持。同时，麦克莱斯特学院还面向全体教师提供针对教学中出现问题的交流性支持、教学新技术支持、学术生命过程的情感支持等。最重要的是，麦克莱斯特学院教师评价制度“在评价标准、评价主体、评价过程、评价材料构成及评价周期等各个方面，都体现出了学校对教学的高等重视”，在教学、科研、服务三个方面的评价内容中，教学始终处于最核心和最重要的地位，即使是科研和服务，也特别强调研究要服务于本科教学，教师的服务如参加校友或招生录取活动等也多与教学工作有关。①

（四）学生的学习有足够的宽度和深度

有关大脑结构与功能的相关研究表明，大脑额叶是EF区和运动区，负责理性思维和身体运动，学生的学习有足够的宽度和深度，即学生的学业有足够的挑战度，符合“运动—环境变化—生存挑战—大脑发展”的逻辑，对大学生抓住关键窗口期构建专业认知模式至关重要。②

美国精英文理学院为保证学生的知识结构有足够的宽度，一般通过丰富课程门数、拓宽课程内容跨度、完善课程修习制度、进行教学模式创新等方式来

① 王春春．美国精英文理学院的本科教学模式［M］．北京：科学出版社，2017：95-134.

② 赵炬明．打开黑箱：学习与发展的科学基础（下）——美国SC本科教学改革研究之二［J］．高等工程教育研究，2017（4）.

实现这一目标。以麦克莱斯特学院为例（见表 9-4），首先，学院共有 63 个研究领域（包括研究中心、主修专业、辅修专业等），学生总数也就两千余人，两百多个教师每年可提供超过 800 门的各类课程，平均每位教师可开设 4~5 门课。其次，仔细研究其课程内容介绍，发现基础性与综合性特征非常明显，如《普通化学Ⅰ：结构与平衡》是一门关于原子和分子的基础课，除探讨物质的宏观性质如何用原子和分子结构来解释外，还通过三个讨论和每周 3 小时的实验强化对化学计量学、气体定律、液相反应等基本内容的理解与应用，教学内容与手段均体现出较强的综合性特征。再次，麦克莱斯特学院规定，修满 128 个学分方可顺利毕业，但前提是 128 个学分的构成也必须符合规定要求：必须有 8 个学分属于社会科学领域，必须有 8 个学分属于自然科学和数学领域，必须有 12 个学分属于人文与艺术领域（至少分别修满 4 个学分的人文学科和艺术类课程），且上述三类课程都必须满足必修规定，任何一个领域里修习的学分均不得超过 96 个学分，任何单个学科都不得超过 60 个学分，课程学分修习制度确保了学生学习的领域足够有宽度。最后，学习模式的创新方面，就如著名的密涅瓦计划①把环境变化和生存挑战变成了主要教学形式，美国精英文理学院为学生提供的课内外、校内外学习模式也体现在方方面面。

表 9-4　麦克莱斯特学院“非洲研究领域”2019~2020 学年开设的本科生课程

序号	Fall 2019	Spring 2020
1	African Life Histories：Captives and Captivity Narratives	Political Economy of Development
2	Food in French and Francophone Culture：The local and the Global	Geography of Africa：Local Resources and Livelihoods
3	People，Agriculture and the Environment	Introduction to International Public Health※
4	Dynamic African	Children and Youth in African
5	Introduction to international Public Health	Power and Development in African※

① 密涅瓦计划（Minerva Project）是一家领先的教育创新公司，由本·纳尔逊（Ben Nelson）于 2012 年创立。Minerva 秉承文理教育的优良传统，致力于培养全球领袖和创新者，让受教育者能在经历快速变化的复杂全球环境中茁壮成长。Minerva 通过其创新的教育方法，使各种类型和规模的机构和组织能够提高学生的学习成果。该计划要求学生在四年本科期间，除了第一年在总部旧金山学习外，其余六个学期要分别在德国的柏林、阿根廷的布宜诺斯艾利斯、印度的海德拉巴、韩国的首尔、英国的伦敦、中国的台北六个城市生活和学习，称为“全球浸润式学习”。学校没有传统校园，师生之间通过网络保持联系。

续表

序号	Fall 2019	Spring 2020
6	Journeys through Brazil：Oral and Written Expression	Voices from the Margins：Afro-Brazilian Women writers
7	Culture and globalization※	Geography of Development and Underdevelopment
8	Postcolonial Theory※	African-based Movement Ⅱ
9	Literature and Cinema of Immigration in France	African Music Ensemble
10	Comparative Environment and Development Studies※	
11	African-based Movement	
12	African Music Ensemble	

注：麦克莱斯特学院“非洲研究领域”共有 14 个 Faculty 和 Staff，2019~2020 学年共为本科生开设了 26 门次相关课程；※标号的课程为本学期开设两个班。

王春春曾经对麦克莱斯特学院一位“亚洲研究和心理学”专业大四本科生的成绩单进行了研究，其修习的课程除了亚洲研究、心理学、计算机等公共课外，该生修习的课程还有历史、美洲文明、美国政府与政策、基础汉语、表演实践、文学研究、数学哲学、博弈论、直面种族主义等，修习课程范围之广令国内高校学生咋舌。[①]

注重帮助学生养成建构与整理知识的习惯是美国精英文理学院教学模式被世人称道的一个重要原因，其经典做法就是课前阅读、课中讨论、课后写作，这种普遍的教学模式对固化与深化知识作用巨大，也是学业有挑战性的一种重要表征。一所出色的文理学院，除了选择性地把合格的、合适的学生招进来后，还会针对不同学段对学生进行具有一定挑战性的教育，如大学一年级的“新生体验课”[②]，麦克莱斯特学院将这类课程的班级规模严格控制在 16 人之内。这类课程有师生、生生交流的足够时间与空间保障，特别重视培养学生的学习方法和时间管理能力，特别重视学生的阅读、写作和表达能力等基本能力的训练，特别是第一学期能较好地帮助学生由高中过渡到大学，进而间接服务于一年级学生的保持率及将来的毕业率。美国精英文理学院教师对学生的作业数量和质量要求都很高，教师批改作业极其认真并能及时反馈给学生，各门课程教学都普遍重视写作，数学和自然科学等课程教学也不例外；很多学院都会设计一项

① 王春春．美国精英文理学院的本科教学模式［M］．北京：科学出版社，2017：38-94.

② 又称“大一新生小班研讨课”或“大学第一个学期完成的课程”。

贯穿一个学期始终的写作任务，师生之间至少有三个来回。通过这样的训练，学生的学术研究方法和学术规范在本科生阶段打下很扎实的基础。大四的顶峰体验课要求每个学生必须完成一项符合本学科要求的高级作品，可以是研究性文献综述、原创作品、研究论文或一场演出，要求通过公开报告、公开演出等形式接受同行评议。①要出色地完成顶峰体验成果，学生需要调动 EF 区的所有基本功能，如学习记忆、计划能力、任务转换能力、组织能力、抑制能力、情绪控制、创新能力、自我监控能力等，所以，学生的学业有一定挑战度，可以有效促进学生的大脑发展，有效培养学生的理性思维。

① 王春春．美国精英文理学院的本科教学模式［M］．北京：科学出版社，2017：38-94.

第十章
蒙福特商学院：由弱致强本科教育的典范

本章以美国北科罗拉多大学蒙福特商学院（Monfort College of Business at University of Northern Colorado）为例来进行研究，期许对中国高校战略规划、内部质量保障体系的构建提供有益的经验和启示。

一、蒙福特商学院基本情况

蒙福特商学院（以下简称“MCB”）位于美国科罗拉多州格里利市，属于北科罗拉多大学的五个学院之一。蒙福特商学院成立于1968年，最初设有三个系，分别是会计、金融与投资、工商管理。进入21世纪后，由于经济不景气，北科罗拉多大学在应对政府预算经费削减所造成的后果时，更加积极地思考未来。其中，该校的蒙福特商学院最能体现北科罗拉多大学的战略管理思想。

蒙福特商学院每年招收大约1200名学生，大约86.7%的学生来自科罗拉多州，超过80%的毕业生都留在科罗拉多州服务地方经济社会发展。2000年，蒙福特商学院得到了科罗拉多高等教育委员会的认可；2002年，蒙福特商学院开始实施全面质量管理，并于2004年获得了鲍德里奇国家质量奖，也是美国第一个获得鲍德里奇质量奖的工商管理学院。该奖项开始只面向营利性公司，只是在最近几年才开始对非营利性机构开放。[①] 得到这个奖是非常罕见和不易的，

① 鲍德里奇国家质量奖是一个表彰美国组织卓越绩效的奖项，以马尔科姆·鲍德里奇（Melcolm Baldrige为美国1981~1987年商业部部长）命名，1987年由里根总统和国会批准而设立。基本观点有：质量是由顾客最终确定的；高层管理者需要创造一种清晰的质量价值观，并将其融化在组织的日常工作中；卓越的质量是要通过设计及执行良好的制度及过程来实现的；不断改进必须成为所有制度及过程的管理内容；缩短所有操作及程序所需的时间，是质量改进的一个重要构成部分；操作及决策必须以事实及数据为依据；所有员工都要接受适当的训练并全面参与质量管理有关活动。

但是北科罗拉多蒙福特商学院仅在提交申请后的第二年就获得了这个奖。蒙福特商学院还是获得国际精英商学院协会（AACSB）工商管理和会计认证的顶尖商学院之一。①

二、实施战略管理的背景及主要方面

(一) 实施战略管理的背景

20 世纪五六十年代是美国高等教育的大发展时期，战略管理也是在这一时期从美国院校变革中被移用到高等教育管理中来的。在这一时期，美国高等教育从“黄金时代”步入“生存时期”，面临一系列生存环境的挑战。例如：政府办学经费的削减；社会各界对高校的价值的质疑。20 世纪 60 年代，美国社会矛盾凸显，大学的社会形象大为受损，公众对大学的信任度也有所下降。社会各界对高等教育的质疑与批评铺天盖地：质疑大学研究的价值，质疑大学在全球化进程中所应扮演的角色，质疑大学培养的学生质量及大学教育对未来社会的适应性等。社会各界对高校价值的质疑一方面反映出公众对传统大学观的不满，另一方面也促使了美国高校对自身价值的深刻反思。事实上，美国高校为应对这些挑战，走出困境，确实都纷纷出招以谋求自身出路，其中推行战略管理是各高校普遍采取的措施。正如乔治·凯勒提出的，“学院和大学应当对各种激变进行明确的战略规划，构建一种更富有生机、对变革更具适应性的管理方式。学校管理的自由放任时代结束了，学校战略规划的时代已经到来。”②

在科罗拉多州，1999~2000 年州政府平均拨给公立高校的预算经费占学校预算的比例从 47%减少到 33%。当时，各高校被削减经费的百分比各不相同，如有些综合研究型大学的预算经费削减了不到 10%，但是科罗拉多大学则被削减了 30%左右。这是相当大的一个数字!③ 州政府拨款预算的削减，社会对高

① AACSB 是全球首屈一指的商学院和会计项目非政府认证机构，AACSB 教育认证制度之严，标准之高，冠居全球，世所公认，其代表着一所商学院的最高成就，也是商学教育达到世界级水平的重要标志。美国只有顶尖商学院才能获得 AACSB 国际商学院认证。

② 乔治·凯勒. 大学战略与规划——美国高等教育管理革命［M］. 别敦荣等译. 青岛：中国海洋大学出版社，2005.

③ 凯诺顿，黄茂树. 校长教务长联手打造大学卓越品质［J］. 高等教育研究，2006（9）.

等教育的质疑，促使科罗拉多大学积极思考提升学校的品质，提供高质量的课程，培养有竞争力的毕业生，提高学生的学习效果，让社会认可学校。为此，科罗拉多大学制定了战略规划。

（二）科罗拉多大学战略规划的主要方面

科罗拉多大学的战略规划主要包括以下四个方面：

一是学术规划。学术规划是科罗拉多大学的主要规划。学校要改变传统的、封闭的“象牙塔”，把它变成一个与外界有联系的学术社区。因此，学习规划的目标是将学校由教学型校园打造成学习型校园。因为在以“教”为主的校园里，教师处于中心或主动地位，以教师为中心，强调教师的“教”，教师只是扮演着“讲授者”的角色，而学生则是消极被动的接受者，不能发挥学生学习的积极主动性。因此，也造成学生的学习效果参差不齐。科罗拉多大学就是要把教学型校园变成一个积极主动的学习型校园。强调学生的“学”，重视学生的表现，教师的教学要以学生为中心，重视学生的学习效果，教师在教学中要进行身份转换，仅扮演“协助者”的角色。在以“学”为主的校园里，学生是积极主动的。这样的学校才是有生命力的学校。

二是财务规划。州政府对大学的财政预算削减，使得科罗拉多大学不得不认真考虑财务规划。科罗拉多大学在未来的规划中出于对收入渠道和支出的考虑，将每一笔钱都看成是一项投资，而不仅是一笔支出。除此之外，科罗拉多大学还制定了设备计划，对技术设备和基础设施进行了认真规划。

三是评估规划。评估、衡量学校各方面所取得的成就是科罗拉多大学战略管理的重要内容，以确保经费的使用与质量之间的紧密联系。

四是资金筹集规划。科罗拉多大学的领导者要去说服私人捐助者对学校的一些项目提供资金支持。① 许多人对学校总的运作并没有特别大的兴趣，但是对一些通过适当的投资就能够产生积极效果的项目，却是愿意出资的。因此，学校领导者去筹集资金以支撑学校各项工作的发展就成为战略管理的主要内容之一。

① 杨柱．高校战略管理：美国的经验及其对我国的启示［J］．河南师范大学学报（哲学社会科学版），2007（11）．

三、蒙福特商学院的战略管理

北科罗拉多大学的蒙福特商学院是最能体现北科罗拉多大学的战略规划思想的学院，其通过持续不断的自我审视过程达成战略规划过程，对中国高校的战略管理深具启发意义。

（一）使命：办卓越的本科教育

20 世纪 80 年代，蒙福特商学院有许多研究生项目，还有全州最大的 MBA 项目以及商业教育方面的博士点。但是，最大的却不是最好的，蒙福特商学院的领导对这些科系的质量并不满意。当其他高校都在想方设法办好研究生教育的时候，蒙福特商学院却避开了同位竞争，采取了错位竞争的战略规划。1984 年，蒙福特商学院确定了自己的使命，即通过卓越的本科生管理教育项目，使学生有一个成功的个人事业发展，并成为行业中负责任的领导者。同时，蒙福特商学院还致力于在本科层次就让学生具备专业水准的教育教学改革，并请科罗拉多州有良好声誉的商业科系评估机构对它们学院进行认证。

（二）战略：高接触、宽技术、深专业

为了办成卓越的本科商业教育，蒙福特商学院采取的战略是：高接触、宽技术、深专业。蒙福特商学院实行小班授课，班级规模很小，并且都是由经验丰富的教师任教。商务核心课程的班级平均规模是 38 人，而同行中规模最大的为 370 人。蒙福特商学院最大的班级规模是 55 人，而同类学校的最大规模是 691 人。在本科生的商务课程中，蒙福特商学院 83%的核心课程由持有本领域最高学位的教师讲授，而其他同类商学院只达到 55%。在全美 171 个同行中，蒙福特商学院的毕业生满意率高居前 1%。

蒙福特商学院的课程涵盖广泛的现有工商管理技术和当前出现的新技术。就运用技术的能力而言，蒙福特商学院的大四学生在全美同类学校中名列前 1%。蒙福特商学院有 66 个小教室，全部都是高科技教室，学生都会熟练使用，它们管理技术的能力也位居全美前 2. 5%。这些数据都是正式评估机构测量的结果。就学习和掌握技术的能力而言，蒙福特商学院的校友名列全美前 5%。

蒙福特商学院非常重视培养学生的实践经验，把实践经验作为学生毕业要求的重要部分。蒙福特商学院邀请公司的 CEO 到学院讲课，教授公司经营中的

实用知识，让学生在毕业前就可以获得一部分实际的经验。学生通过实习接触以往的和最近的实践，并通过亲自动手来学习。这些活动不仅有教师的指导，还有私人资助的支持①。通过多种方式的学习和实践，蒙福特商学院培养了学生的实践能力，使其掌握了重要的实践经验，在就业中拥有了很大的优势。蒙福特商学院的学生就业率高达 97.8%，雇主对他们学院毕业生的满意程度高达 96%，96%的蒙福特商学院的学生愿意向他人推荐本专业。蒙福特商学院培养了高质量的学生，他们在 ETS 专业考试中位居全国前 5%，86%的学生成绩高于全国平均水平。学生在全国专业竞赛中展现了他们的有效学习及突出的学习效果。

（三）质量保障：以学生为中心

蒙福特商学院为了办成卓越的本科商业教育，制定了详细而系统的规划，建立了以学生为中心的质量保障体系，学院的服务最大限度地满足学生的期望，并致力于改善学院外部的关系，内化外部压力。蒙福特商学院承认关键利益相关者（学生、毕业生雇主、本州纳税人、校友）能够满足他们的需求（见图 10-1）。

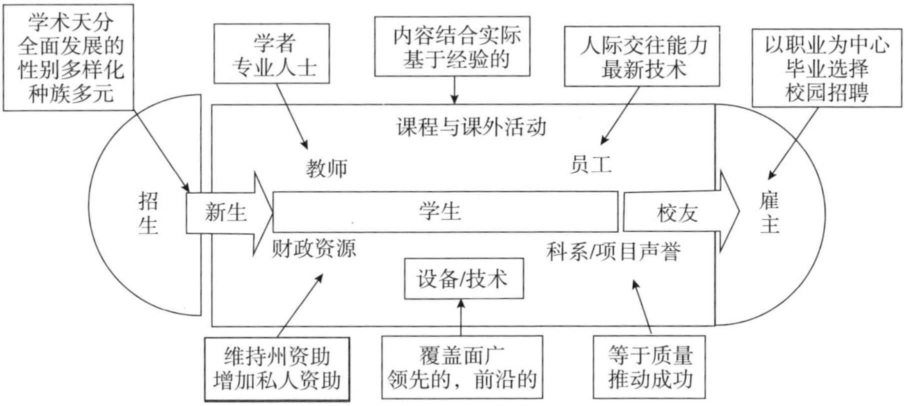

图 10-1　以学生为中心的过程框架图②

图 10-1 中的过程框架的起点是采用一定的标准录取学生，从而录取合适的学生。中间过程是蒙福特商学院对学生的投入，最后是学生被用人单位录用，

① 这里主要指推动蒙福特商学院运动的蒙福特家族的支持。

② 凯诺顿，黄茂树．校长教务长联手打造大学卓越品质［J］．高等教育研究，2006（9）．

这也是对培养结果的一个衡量。在这个模型中，学生处于核心位置，蒙福特商学院努力找出那些多少可加以控制的基本要素进行管理，目的就是培养出最优秀的毕业生。他们选择的要素是学生、教师、员工、课程与课外活动、财务资源、科系/项目声誉、设备/技术，学生是中心。选择要素之后，他们对要素进行定义。学生要求要有一定的学习准备、有学术天分、要全面发展，同时考虑性别多样化、种族多元化；教师则要求是专业水准的学者或者专业人士有真正工作经验或者拥有最高学位的人员；员工要求要有服务技能，懂得当前最新的技术；课程则要求能及时地更新课程内容，以实践经验为基础，保证学到的是最新的知识；财务资源方面，学院既要维持州拨款，又要想办法筹集资金，吸引私人资金增加投入；科系/项目声誉要素要重视质量，追求卓越。但是，这所有要素的任务都是以学生的需求为出发点和落脚点。

（四）管理控制系统：全员参与

蒙福特商学院的管理控制系统采用了美国最典型的做法，即委员会管理制度。对每个要素成立一个委员会，由每个委员会对他们所负责的要素进行管理。这正好符合了全面质量管理中“全员参与”的理念。

蒙福特商学院确立了六个委员会来共同管理，分别是学习保障委员会（AOL 委员会）、教职工事务委员会、本科课程委员会、研究生委员会、国际委员会及学生事务委员会。MCB 委员会成员在各自的领域选举产生，委员每届任期三年。但 AOL 委员会的主席由院长直接任命。其中，学习保障委员会（AOL）承担着最基础与特殊的使命，负责确定程序、收集数据，并评价学院承担的有关课程。AOL 委员会的成员由每个专业的一名教师代表和副院长组成，委员会主席由院长任命。教职工事务委员会主要负责 MCB 学院的发展、人员资格、教师专业发展、工作业绩和资源、教师奖励及教师上诉等。该委员会负责学院教职工的专业发展评估指导工作。委员会成员由每个专业的一名教师代表组成。本科课程委员会负责与 MCB 本科课程、BSBA 和 BS 软件工程相关的事务，包括但不限于新课程、重点领域的审查和创建、制定课程标准、ETS 审查、分析和反馈等。该委员会委员由每个专业（会计、金融、管理和市场营销）投票选举产生及副院长和咨询主任组成，委员会主席每年由有投票权的成员从成员中选出。研究生委员会负责与 MCB 研究生课程和教育创新有关的事项，向院长和教职员工提供咨询意见。研究生委员会负责的研究生课程，目前是在线 MBA 和 MACC，包括但不限于新课程、研究生入学要求、EM 领域的审查和创建、制定项目标准、分析和反馈等。研究生委员会的成员由教师代表和研究生协调员组成。国际委员会负责发展和维护学生留学项目，它与国际商业项目和办事处共同监督进行中的交流项目。委员会负责向留学生发放奖学金等。该委员会由会计、金融、管理和市场营销四个部门各选出一名成员组成。学生事务委员会负责学生的纪律政策、学生申诉、评估和基于学生调查的建议行动等。该委员会由会计、金融、管理和营销四个部门各选举一名成员，另外咨询主任或新生顾问必须是委员会成员之一。

（五）蒙福特商学院规划管理过程

蒙福特商学院确定了自己的使命，即通过卓越的本科生管理教育项目，使学生拥有一个成功的个人事业发展，并成为行业中负责任的领导者。其战略规划管理过程及内容包括如下三个方面：

一是先根据内部和外部环境信息进行 SWOT 分析。分析结果为：学院的优势（Strength）是设施设备比较好；劣势（Weakness）是专业内涵发展需要改进；机会（Opportunity）是学院规模不大，调整战略的包袱轻；威胁（Threat）是州政府开始减少高等教育经费。

二是根据环境分析确立战略目标，进行战略部署。根据长期目标确定短期战略目标和年度优先项目；院管理委员会批准年度确定的战略目标和年度优先项目。战略部署指院管理委员会为每个委员会和部门分配具体任务，并申请和配置财务资源；各委员会、部门、教师和职工一起立足本职岗位实施已确定的项目工作；学院委员会通过测量关键指标（KPI）来监控战略实施效果；学院管理委员会检查战略实施效果，评估战略实施过程，并改进未来一年的战略计划。每年 5 月末进行评估，根据评估结果改进下一年的战略计划。

三是相关利益者需求分析和满意度调查。蒙福特商学院非常重视与相关利益者的合作关系，把满足社会、学生、雇主、校友和纳税人的需求作为学校工作的出发点与归宿。对学生和家长来说，他们的要求是既要受到高质量的教育，又想付较低的学费。对校友来说，他们希望学校越办越好，他们的学位证书能够升值，能够间接帮助促进个人事业的发展。对雇主而言，他们希望学校能为他们提供高质量的实习生和雇员。纳税人则希望学校能促进地区经济的发展，能提供社会服务，促进个人收入的提高。因此，战略管理的效能如何，会促使学校重视对教师、学生、校友、雇主进行需求分析与满意度调查。

四、蒙福特商学院的启示

北科罗拉多大学蒙福特商学院正确的管理发展战略规划的制定及其在教育教学实践中的落实，对我国建设一流本科教育有重要的经验启示。

（一）确立明确的办学使命

北科罗拉多大学蒙福特商学院避开同位竞争，采取错位竞争的战略，在其他高校都投入大量精力与经费提升研究生教育时，却确定了专注于卓越的本科商业教育的发展定位。蒙福特商学院明确自己的办学使命是通过卓越的本科生管理教育项目，使学生有一个成功的个人事业发展，并成为行业中负责任的领导者。正是这种错位战略与高标准目标的确立，才引领该学院很快获得了巨大成功。很多著名高校都有不同于其他高校的办学使命和办学理念，明确自己的办学使命，非常重要。我国高校在办学过程中也应该明确自己的办学使命，尽量避免同位竞争。

（二）善于舍弃，集中资源发展优势学科

北科罗拉多大学根据当时的内外部环境对自身状况重新进行评估，发展商学院的时候善于舍弃，专注于发展本科生教育，要打造卓越的本科商业教育。伦敦大学副校长斯图尔特·薛瑟兰曾说："全世界的大学，分守着它们各自对真理、学术和科研所做出的贡献。"言外之意是，即便是世界一流大学，也不可能在所有的学科中都称雄，大学的个性在于采取有重点、有特色的学科发展战略，创造出自己的学术品牌。① 我国要创建一流大学、一流学科，不必每个学校都是大而全。高校在制定发展战略时，要善于舍弃，集中资源发展优势学科，在某一领域做到卓越。因此，我国高校在发展过程中可以借鉴北科罗拉多大学蒙福特商学院的经验，勇于舍弃，全力发展某些专业，在某些领域做到卓越，一流水平。

（三）敢于实施错位竞争

高校主要有两种适应性反应：一是学校顺从环境压力，通过改变自身来适

① 刘向兵，李立国．高等学校实施战略管理的理论探讨［J］．中国人民大学学报，2004（5）：143.

应环境的要求，表现为战略趋同；二是学校主动改造环境，让环境来适应自己，表现为战略偏离。前者是同型竞争战略，后者是错位竞争战略。[①] 在其他高校大力发展研究生教育的时候，北科罗拉多大学蒙福特商学院没有趋同竞争，尽管商学院也有自己的硕士点和博士点，但是蒙福特商学院选择错位竞争，专注于本科商业教育的发展，致力于打造卓越的本科商业教育。错位竞争战略一定程度上减小了竞争的压力，集中力量发展自己的核心竞争力，将原来的分散配置战略资源转向集中配置战略资源。因此，我国大学要建立世界一流大学、一流学科，就要致力于部分优势学科、重点学科，把资源投入到这些学科中，不能求大而全，这样才能在竞争中占据优势地位。

（四）大学领导者要有战略思维

大学校长在学校的发展过程中起着重要作用，他们是大学发展目标的决策者、大学学术发展的领导人、学校教育经费的筹集者。[②] 因此，大学校长要有先导性的战略思维，要在深入研究学校内外部环境的情况下，科学判断学校面临的机遇与挑战，研究学校学术的、财政的、管理的优势和劣势，在此基础上制定出卓越的发展战略。北科罗拉多大学的校长就很有战略思维，非常有魄力地舍弃蒙福特商学院的研究生教育，集中资源发展学院的本科商业教育，在教师配置、课程安排、高科技教室的配置上都进行了大量投入。Kay Norton 是北科罗拉多大学 2002~2018 年的在任大学校长，也是第 12 任校长和第一位女校长。她本科获得的是英语学位，后来拿到法学博士学位，坚信“教育的真谛是引领学生进入一个期待已久的美好世界，大学的使命不是不加分析地对学生进行知识输入，而是对学生进行积极的引导”。Norton 在任期间，该校入学率大大提高，并于 2003 年通过了北美中部大学协会（NCA）组织的评估，实施了被 NCA 和科罗拉多州称赞的长期发展规划。同时，她实施的未来规划（Charting the Future）面向未来学生、教师、本洲公民，以创新为手段，以提高效率为目的，使该校的教学质量、学术声誉明显提高，商学院也由此获得全国最高质量奖。可见，Norton 在明确大学的发展方向，做出果敢决策，为大学制定发展战略以及制定科学、合理、高效的制度并为学校的发展筹集必需的资金等方面功不可没。我国大学的领导者要想带领学校进入世界一流大学，也必须具备战略

① 周光礼．从同型竞争到错位竞争——高校品牌形成机制研究［J］．中国高教研究，2017（10）．

② 别敦荣．论市场化体制下大学校长的作用［J］．高校教育管理，2008（3）．

思维，准确分析学校内外部环境，制定适合学校发展的战略并有效实施。

（五）管理科学化与高质量人才培养并举

在高校管理中要做到科学化，特别是在高校质量保障的具体操作过程中，要做到数据分析科学、准确、要注意抓重点。北科罗拉多大学蒙福特商学院就把原来的100多个指标简化为20个关键绩效指标、40个辅助绩效指标，并按照各项指标检测出来的数据认真分析，进而指导行动并在行动中落实，而不是仅仅停留在理念层面。60个关键绩效指标和辅助绩效指标用于测量系统能力和工作效果，同时运用全国考试和普查结果来确保学校在全国比较中的位置；学院各种委员会对学院工作情况进行审查；每年对所有雇员的工作进行全面综合评估；每一个指标都要与以学生为中心的培养过程相关。谨慎科学定义测量指标，保证测量的一致性。只有这样得出的结论，才能科学地为制定学院下一步的发展提供依据。

蒙福特商学院将高质量人才培养融入管理科学化过程中。在当今时代，学生可以说是大学的客户，在生源市场上，优秀学生的选择具有质量信号的功能，能带来从众效应。毕业生的满意度，同样也影响着学校的生源。同样，培养学生成为什么样的人，能为社会带来多大的价值，取决于大学的教育。北科罗拉多大学蒙福特商学院是特别重视本科生教育的，如让学生参与高科技教学设备的使用和管理，锻炼学生的能力；实行小班化教学，83%的核心课程由持有本领域最高学位的教师讲授，因此取得了巨大成功。

第十一章

文华学院：个性化教育的典范

文华学院在本科生中开展的个性化教育发端于教育教学实践中存在的突出问题，其通过集中智慧和力量找到问题的症结所在，通过师生共同探索、共同创造、积极作为，摸索出一整套成体系的、行之有效的“招数”，并十几年如一日信念坚定、持之以恒地落到实处，形成了个性化教育的“文华模式”。

文华学院是 2003 年 5 月经教育部批准的普通全日制高校，是依托华中科技大学而开设的一所民办普通本科学校，中国院校研究会会长、华中科技大学学术委员会副主任、博士生导师、著名高等教育学家刘献君教授任校长。学校现有普通全日制在校学生 16000 余人，设置本科专业 43 个、专科专业 15 个，涵盖工、管、文、法、经、艺术六大学科门类，初步形成了“工学为主，多学科协调发展”的学科专业发展格局。学校面向全国 28 个省、市、自治区招生。学校还与美国、英国、澳大利亚等国家的多所著名高校建立了校际合作关系。学校位于华中科技大学旁，直线距离不足 1 千米，坐落在武汉东湖新技术开发区“武汉·中国光谷”腹地创业街上，毗邻风光秀丽的东湖风景区。学校校园占地面积 1340 亩，绿树成荫，红枫成林。2015~2019 年，文华学院在中国校友会网《中国民办大学百强排行榜》上均排名第二位，荣膺中国五星级民办大学。学校被新华网评为“中国社会影响力民办高校”和“中国社会影响力就业典型高校”。学校在 2018 中国民办大学教学质量排行榜中位列第二名。在武书连 2018 中国民办大学排行榜中，文华学院获本科毕业生就业质量第一名。[1]

[1] 根据文华学院网站 http：//www. hustwenhua. net/整理而成。

权威声音

文华是一所有理想、有追求的学校，在这里每个人都可以找到自由发展的空间。

——2013年第七届湖北省高等学校教学成果一等奖《独立学院本科学生个性化教育的探索与实践》专家评语

一、个性化教育的源起

文华学院的个性化教育始于偶然，成于必然。

2005年，文华学院召开以“提高教育质量”为主题的暑期工作研讨会，其中针对160多名多门课程考试不及格、“根本不想学习”的学生进行研究，并制定出了学校领导和教师一道和这些学生逐个谈心的行动计划，以找出学业困难的原因。当时，学校领导和教师都是抱着忐忑不安的心情去联系学生的。然而，这些学生对单独谈心这样的形式表现出了极大的热情。谈心结果表明，这些学生学业不良、成绩落后的表现形式多种多样，问题的原因也千差万别。在谈心活动的基础上，文华学院进行了深入研究，逐个帮助学生们找到解决问题的对策并加以实施。经过一段时间的努力，这些学业困难学生绝大多数按时完成了学业，其中20名学生获得了学习进步奖，三名学生还考上了研究生，这一行动计划效果显著。①

偶然性与必然性是辩证统一的关系，偶然中有必然，必然中有偶然，在一定条件下可以相互转化。如果说文华学院针对“160多名学生多门考试不及格”这一现象开始的个性化教育探索是一种偶然，但当这种现象被有深厚理论修养、有丰富实践经验和有责任担当的教育家捕捉到并高度重视且付诸实践时，这种偶然就转化为必然。因为对于一所刚成立两年的新建本科民办高校，针对存在着160多名学生多门考试不及格的客观现实，面临时代发展对个性化教育提出的必然要求，文华学院针对“千差万别”的学生在学习过程中“遇到的问题不同”“学习目标不同”而开展的个性化教育的不懈探索就是情理之中的事情了。

① 刘献君．个性化教育论［M］．武汉：华中科技大学出版社，2018：1.

二、文华学院个性化教育模式

文华学院个性化教育经历了选点突破、初步形成和模式建构三个阶段。

在选点突破初期，文华学院认识到，开展个性化教育，首先必须转变师生的教育信念和态度，而信念、态度的转变必须体现在行动之中；个性化教育过程是一个创造过程，创造必须依靠师生。基于以上认知，学校以多种形式就个性化教育的内容、形式、渠道、方法、环境等开展了广泛的、深入的师生个性化教育的共同创造工作，鼓励师生将创造的成果在全校推广，并纳入个性化教育体系；围绕个性化教育中遇到的问题召开多种形式的研讨会，在交流碰撞中产生新的思想，形成行之有效的方法；深入调研，了解个性化教育的状况、成效、经验、问题，并集中分析，探究规律，形成了浓郁的个性化教育探索实践氛围。①

权威声音

个性化教育需要学校、老师们付出更多的努力，之所以选择个性化教育，代表了文华人的一种责任、一种境界。

——黄德修（华中科技大学教授、中国光谷首倡者）

我们认为，文华学院个性化教育模式的灵魂是系统的理论、合适的“招数”、坚定的信念和制度化运作。

（一）系统的理论指导

文华学院前身为“华中科技大学文华学院”，其基因中注定流淌着工科院校的求实严谨和一贯重视高等教育理论研究与实践的优良传统。2005 年，学校在建校两年之际，在“教育质量与学校二级管理”暑期工作研讨会后，针对“160 多名学生多门考试不及格”现象专门成立的“逐个找这些学生谈心”工作小组的成立，以及谈心后的“针对每一个学生的不同状况，分别制定课表，有

① 刘献君．个性化教育论［M］．武汉：华中科技大学出版社，2018.

针对性地帮助他们解决学习中遇到的困难”① 等做法，就是这些优良传统的真实写照。

2010 年，《国家中长期教育改革和发展规划纲要（2010-2020 年）》发布并指出要“关注学生不同的特点和个性差异，发展每一个学生的优势潜能”。文华学院及时总结提炼出了其个性化教育的实践经验，并于 2011 年发表了《高等学校个性化教育探索》② 一文。2012 年 7 月 14～15 日，兼任文华学院校长与中国高等教育学会院校研究会会长的刘献君教授，领导院校研究会在华中科技大学举办了以“院校研究：‘以学生为中心’的本科教育变革”为主题的国际学术研讨会，来自海内外高校的近 400 名校长、专家、学者齐聚武汉，围绕“以学生为中心”的本科教育理念、内涵、方法以及实现途径等问题，进行了广泛而深入的探讨，在中国高等教育界引起了热烈反响。③

期间，文华学院聘请过华东师范大学叶澜教授、北京师范大学王英杰教授、华中师范大学郭文安教授、北京大学陈学飞教授等 40 余位教育理论界的知名专家名家、官员学者到学校指导个性化教育，并围绕个性化教育不断总结，分别形成了“在实践中探索个性化教育”“个性化教育的内涵和意义”“为什么要提出以学生为中心”“《论证》的个性化教育启示”“尊重的个性化教育意蕴”“发掘潜能”“确立志向”“创设空间”“营造氛围”等系列研究成果，④ 有效地指导了文华学院个性化教育的开展。

（二）合适的“招数”推进⑤

个性化教育可以有多种模式，文华学院探索创造的是“三九”个性化教育模式，如表 11-1 所示。⑥

---

① 刘献君．个性化教育模式探索［J］．高等教育研究，2020（1）：2.

② 文章由刘献君亲笔撰写，并发表于 2011 年《高等教育研究》第 3 期上。

③ 张俊超．推进从“教”到“学”的本科教育教学变革——“院校研究：‘以学生为中心’的本科教育变革”国际学术研讨会暨中国高等教育学会院校研究分会 2012 年年会综述［J］．高等教育研究，2012（8）.

④ 刘献君．个性化教育论［M］．武汉：华中科技大学出版社，2018.

⑤ 以下内容主要依据刘献君的专著《个性化教育论》（华中科技大学出版社）和文章《个性化教育模式探索》（《高等教育研究》2020 年第 1 期）整理而成。

⑥ 刘献君．个性化教育模式探索［J］．高等教育研究，2020（1）.

表 11-1　文华学院“三九”个性化教育模式

个性化教育模式	三个关键点	潜能
		立志
		空间
	三类学生	学术型
		应用型
		潜力型
	三个一行动	一人一规划
		一生一课表
		一师一优课

1. 三个认识关键点

文华学院认识到，潜能是一种现在还没有显露出来的，在合适条件下可以被激发的，并对人的其他能力、行为产生重要作用的隐形能力。文华学院通过设立一支潜能导师队伍的形式，通过纵向回顾、横向比较、实践探索来帮助学生发现自身的优势潜能，并把实践探索作为发掘潜能的最有效办法，用四种方式选择优势潜能，即选择自己最擅长的以发掘自己的优势；选择自己最感兴趣的事，刻苦坚持，取得成功；选择集中学习某一专业技能，在此基础上扩展、发展；选择着眼未来，在社会需求的基础上形成自己的愿望。

立志是学生个性健康发展的内生动力。文华学院的立志教育是引导学生结合个性发展和社会需要，自主建构并主动实践个体志向的过程。文华学院的立志教育包括认识自我、确立目标、制定规划、坚持不懈四个阶段，通过将整体引导和个体指导相结合，通过专业教育、课堂教学、科技和社会实践、特色活动四个渠道开展。

空间是个体和事物依存的场所，是学习、创造的舞台。个性化教育就要为学生创设广阔的空间。教育空间是帮助学生学习的，教育空间既要有界限，又必须是开放的，既要令人愉快，又要有紧张的气氛，既鼓励个人表达意见，也积极吸收团体的意见，是具体和抽象的统一。因此，文华学院的个性化教育就着力打造出适应现代大学生学习特征的教学空间、“学习无处不在的”校园空间、可供选择的制度空间、广阔的精神空间、网络虚拟空间五类创新教育空间，创造出诸如“周日晚点评”等许多特色做法。

2. 三种类型的学生

文华学院根据学校发展定位和学生实际，把学生分成三种类型，即学术型、应用型和潜力型。

文华学院的“学术型”学生占总数的20%左右，主要指学习基础较好、有进一步提升自己学术水平的、考取研究生的明确目标；“应用型”即能够顺利完成学业，有较强动手能力与实践能力，就业、创业意识强烈，这类学生占总数的75%左右，也是学生的主力军；“潜力型”即成绩不理想，缺乏明确目标，但是具有尚未被发现的其他天赋，这类学生占总数的5%左右。针对这三类学生，学校为“学术型”学生设置提高课程，提供辅修第二专业课程计划和适应个性发展的课程计划；为“应用型”学生设置技术课程，提供以实验室为依托的加强实践能力培养的实验、实习等课程；为“潜力型”学生量身定做培养方案，实施个性化教学计划。

3. “三个一”行动举措

“三个一”行动即一人一规划，一生一课表，一师一优课。

“一人一规划”就是要求从校长到教师再到每一个学生，都要制定人生规划。规划要自觉、科学、有效，要在对潜能的认识、对目标的把握、对志向的确立基础上制定规划；“一生一课表”就是每个学生自己制定课表，学生根据专业学习的共性要求和自己的发展方向，在认识专业、认识自身、认识职业方向的基础上，选择课程；“一师一优课”就是要求提高教师个性化教学水平，每位教师根据本人特点、研究方向，精心打磨一门课程，使之成为优质课程。

学校努力探索为每个学生提供适合的教育，遵循个性化教育的路径：尊重学生，严格要求，科学指导，自主学习。创建多样性创新人才培养模式，实施个性化教育，努力营造有利于创新型、应用型人才健康成长的校园环境与氛围。

（三）执着的信念坚守

文华学院个性化教育的深刻启迪与教育价值还在于其十五年如一日地对个性化教育的坚守。

启动探索个性化教育，理论上有没有依据、能不能坚持下去、用什么方法开展、从什么地方入手等就面临着诸多挑战。高校教师有深厚的学科背景，是学科权威，能够让其静下心来听教育理论的讲座，这在中国高校能做起来做下去并不是一件容易的事情。赵炬明在《论新三中心：概念与历史——美国 SC 本科教学改革研究之一》中曾经引用李维斯的观点：传统大学教师发展注重教师专业提高，那时的假定是“只要懂专业就可以教好书”。但到了 20 世纪 80 年代后期，高校已经认识到，大学教师只有经过学习和培训才能做好教学工作。[①] 可惜的是，这一观念在中国高校并没有达成普遍共识，存在于一些高校的新入职博士讲授好几个本科生专业课程的现象就可以佐证这一点。文华学院的个性化教育做了一个很好的功课：邀请国内外知名专家讲授与普及教育理论，因为他们在一开始就认识到，广大干部、教师能否深刻领悟教育理论与个性化教育的关系一定会制约个性化教育的开展与成效。笔者在研究与学习文华学院的理论学习经验过程中发现其在个性化教育理论的学习与认识中显现出许多高阶学习的特征，这其实为文华学院个性化教育的开展奠定了广泛的思想理论基础。

启动探索个性化教育，高校都会面临着的一个最大的痛点就是人财物的巨大投入。领导、干部乃至教师想不想做，愿不愿意把大量的时间精力投入到与学生的频繁互动中，现有的资源能否有效支撑个性化教育的开展，这对文华人、文华制度等就是一个极大的考验。文华学院个性化教育“从偶然开始”到“初步形成”再到“逐步深化”的演变过程，就是一个物质文化、制度文化和精神文化的再造过程，用心、用情、用爱去做个性化教育渗透在文华学院日常工作中。文华人一致赞成要从创设“潜能导师”开始个性化教育。于是，文华学院就在充分调研的基础上形成了关于潜能问题的从理论研究到潜能导师工作规范等方面的一整套范式，并设立“个性化教育创新奖”，奖励潜能导师以及其他教师、干部在个性化教育中的创新。文华学院的个性化教育还有一个亮点就是，这种实践活动不仅停留在理论层面、干部层面，而且具有鲜明的实践性，是需要广大师生都参与的一种教育教学活动，像 2012 年 5 月 16 日举办的对立志教育产生重大影响的座谈会，取而代之工作汇报会的形式，而开成了一个以“具体的人和事”为对象进行个性化教育的研讨会，既体现了文华人的一种情怀，又表达出了其对会议意义的一种认知。2013 年，文华学院又围绕教育教学状况、教师队伍状况、学校管理与制度等对校友、在校生等进行了多次深入调查，其中一项就是对不利于个性化教育的制度进行清理，校长刘献君就与所有处级干部逐个谈心，了解情况。由此可见，文华学院个性化教育“共同创造”的浓

① 赵炬明．论新三中心：概念与历史——美国 SC 本科教学改革研究之一［J］．高等工程教育研究，2016（3）．

郁氛围、人人想参与的制度体系是在信念中创造的，反过来又为坚守信念创造了条件。

文华学院个性化教育的起点是尊重学生，终点是学生尊重，让学生在充分被尊重的环境下，成长为更懂尊重他人的人。我们今天已经喜悦地看到，这种执着的信念已经深深地植根于文华人的心田。

第十二章

四川大学："探究式—小班化"教学实践的典范

坚持以本为本、推进"四个回归"是高等教育改革发展的基本遵循。高教大计，本科为本。人才培养为本，本科教育是根。要把本科教育放在人才培养的核心地位、教育教学的基础地位、新时代教育发展的前沿地位，加快建设一流本科教育，为我国高等教育强基固本。① 一流本科教育是"双一流"建设的基础。一流本科教育是一流大学的重要基础和特征，一流本科教育必须有一流的育人理念，一流的师资，一流的专业和课程，一流的人才培养模式。

高等教育国家级教学成果奖代表我国教育教学工作的最高水平，四川大学谢和平等申报的《以课堂教学改革为突破口的一流本科教育川大实践》的成果被评为2018年国家级教学成果特等奖。因而，研究获奖单位——四川大学的本科教育情况，对建设我国一流本科教育有重大借鉴意义。

一、改革背景与创新

高等教育国家级教学成果奖是国家在教学研究和实践领域中颁授的最高奖项，每四年评审一次，获奖项目需在教育教学理论及实践中取得重大突破。国家级教学成果奖充分展现了重视教学建设、重视教学改革、重视人才培养工作所取得的成绩，代表了目前我国教育教学工作的最高水平。经国家级教学成果奖评审委员会评审确定，国务院公布的《教学成果奖励条例》规定，报经国务院批准，四川大学谢和平等申报的《以课堂教学改革为突破口的一流本科教育

① 一流本科教育宣言（《成都宣言》）中提出坚持以人为本、推进"四个回归"，强调本科教育的重要性。

川大实践》等两项[①]成果被评为2018年高等教育国家级教学成果特等奖。四川大学在建设一流本科教育的实践过程中在以下几个方面做出了创新：

（一）育人理念创新

创造性地提出了办最好本科——“精英教育、个性化教育和全面发展教育”理念。在这个理念的指导下，学校全面推进一流本科教育实践，着力培养学生品德、知识、素养，发展个性特长，激发全面发展的潜质和能力。

（二）改革举措创新

以“45分钟课堂”为牵引推动人才培养创新，为全国高校课堂教学改革破题。学校以课堂教学改革为突破口，实施“全要素课堂教学改革、全过程非标学业评价、全方式推进个性化培养、全师资强化教书育人、全方位加大教学投入”系统工程。

（三）教学环境创新

全国首创支撑课堂教学改革创新的“学术殿堂式”智慧教学环境。学校长期坚持全方位、大力度的本科教学投入，建设学术殿堂式教学环境，构建了“全空间”育人格局。

（四）体制机制创新

建立了保障课堂教学改革创新的“教学相长”长效机制。构建了保障本科教学的绩效激励制度和资源配置机制。持续优先投入本科教学；严格上讲台制度，通过“三个全覆盖”[②]及世界名校培训计划等提升教师学术与教学水平；重奖一线教师，充分调动师生主动性、参与性，让教师享有职业成就感、幸福感；绩效考核等系列制度凸显本科教学基础地位，所塑造的科研与教学并重的

---

① 另一项高等教育国家级特等奖是华中师范大学杨宗凯等主持的《深度融合信息技术的高校人才培养体系重构与探索实践》。

② “三个全覆盖”：第一，青年教师科研启动经费全覆盖。从2009年起，四川大学大幅提高了对青年教师科研经费的资助标准，扩大资助范围，为全校年龄在40岁以下未独立承担过国家和省部级各类科技项目，且尚未取得高级职称的青年教师提供人文社科3万~5万元、理工医科6万~10万元的科研启动基金，帮助青年教师进入教学、科研团队，尽快形成自己的研究方向。第二，青年教师导师制全覆盖。学校要求每个学院都要为本院的每一位40岁以下的青年教师提供一对一的导师指导，充分发挥老教师的“传帮带”作用。第三，“十二五”时期博士学位、海外经历全覆盖。

大学文化走在了全国高校前列。

二、"探究式—小班化"改革理念与举措

（一）"探究式—小班化"的含义与理念

"探究式—小班化"课程教学分为物理小班和理念小班两种类型。物理小班的班级规模在 30 人以下，由主讲教师引导学生实现课程目标；理念小班的班级规模较大，由主讲教师与研究生助教一起，通过"大班授课—小班研讨"引导学生实现课程目标。①

四川大学对"探究式—小班化"教学的基本要求有专门的文件规定，根据 2012 年下发的《四川大学"探究式—小班化"教学基本要求》规定，"探究式—小班化"教学的教学理念必须先进，将教学视为师与生之间思想互动的过程，具体应做到教师应全面认识、了解学生；真诚关心、爱护学生，不仅关心学生对本门课程的学习情况，也尽可能地关心学生的学业发展规划，关心学生的思想和生活；严格规范、管理学生，严明课堂纪律，严格考试管理，严格评分标准，善意而坚决地纠正学生的不良行为。教学方法科学，依据讲授内容选择适当的授课方式，课堂深度互动，调动学生的学习积极性。具体应做到课堂组织形式、教学方法多样化；有效使用适宜的教学技术手段；营造良好教学氛围，引导学生主动、愉快而高效地学习。教学内容不断优化，不仅要实现知识的传递，更要实现学生能力的发展、素质的提升，具体应做到有效传递知识，全面发展学生的能力，着力提升学生的专业知识与人文素养。全程式多样化课程考核，科学评价学业成绩，引导学生综合能力的发展和创新思维的养成，具体应做到注重过程考核，科学评价学习成绩。

四川大学在推进本科教育的过程中，坚持办最好的本科教育，真正让每个学生都享受高质量的课堂教学、高水平的课程体系，真正让每个学生都能公平、公正地享受川大优质教育资源，真正构建一个全过程的精英教育体系。

（二）"探究式—小班化"的关键举措

四川大学以"教室革命"为抓手，瞄准课堂教学改革这一突破口，实施小

① 四川大学 2012 年颁发的文件《四川大学"探究式—小班化"教学基本要求》。

班化互动式教学、打造一流本科教育模式，目的是要实现课堂教学“小班化、面对面和点对点”。①

四川大学推行“万门课程计划”，形成了学术研究型5000门、创新创业型1000门、实践应用型1000门、行业专家1000门、跨学科交叉复合型及感知未来课程300余门的多元课程体系；首批入选国家精品在线开放课程14门，在线开放课程修读人数超128万人次。截至2017年12月，四川大学开设了“探究式—小班化”课程9024门次，占课程总数的70.5%，建成示范课程128门。四川大学投入2亿多元经费全面推进“教室革命”，打造多视窗互动教室、灵活多变组合教室、移动网络互动教室等各类型的智慧教室400多间，超过教室总数的80%。在此基础上，四川大学全面实行“启发式讲授、互动式交流和探究式讨论”的课堂教学改革，让学生真正“把头抬起来、坐到前排来、提出问题来”。

三、“探究式—小班化”改革的保障举措

（一）强化师资

要培养一流的学生，必须要有一流的师资。而一流的师资必须全身心投入到教学中才能培养出一流的学生。针对当今教师职称评定的导向过于倾向科研、导致教师的工作重心在科研方面等突出问题，四川大学重视奋斗在本科教学第一线、并潜心进行教学研究的优秀教师，不仅给予精神上的嘉奖，也切实重视物质上的奖励，激励教师全身心地投入到本科教学工作中来。

（1）引育并举，打造高水平师资队伍。四川大学为办好本科教育，采取各种政策措施引进培养高水平的教师。四川大学先后实施了“831”人才梯队构建工程、海纳人才工程、优秀教师海外培训计划、人才人物培育工程、青年教师培养和深造计划、高端外籍教师引进计划、全职外籍教师引进计划等系列师资队伍建设举措，着力打造一支品德高尚、教学优秀、学术卓越的高水平师资队伍。截至2019年底，学校有专任教师4527人。学校有中国科学院和中国工程院院士16人，四川大学杰出教授7人，国家自然科学杰出青年基金获得者51人，国家优秀青年科学基金入选者56人；“973”首席科学家7人；国家级教

① 谢和平．以课堂教学改革为突破口的一流本科教育川大实践［J］．中国大学教学，2018（12）：17.

学名师 12 人；国家科技重大专项课题负责人 4 人；国家重点研发计划项目负责人 43 人；国家社科基金重大招标（委托）及各类专项项目获得者 55 人；国家创新人才推进计划"中青年科技创新领军人才"21 人、"重点领域创新团队"2 个。①

（2）实施教师"双证"制度。凡是竞聘四川大学的新进青年人才都要求进行专职博士后的科研训练，达到副研究员学术水平，再经过教师资格证和课堂教学能力培训合格证"双证"资格认定，才能进入教学岗位、上讲台，拥有"教学身份"。四川大学为提高教师的教学水平，多次举办本科教育大课堂、"以学为中心"的国际研讨会和本科教学工作会；同时，聘请教学导师，开展教学策略系列培训，参训教师超过 3 万人次。2019 年 11 月，四川大学首次举办青年教师教学成长营，帮助青年教师打下坚实的教学基础，练好基本功，从中选拔出优秀青年教师参加四川省和全国青年教师教学竞赛。四川大学高度重视教师的发展和培养。通过"双证"制度、"青年教师教学成长营""教师培训定制服务进学院""国际学术沟通能力提升项目"及"新教师教学能力提升培训"等系列活动，大面积、大幅度地提高教师的教学能力和教学水平。

（3）重奖一线教师。四川大学重视本科教学工作，引导教师将精力放在教学上，而不仅仅关注科研，并对那些长期奋斗在教育教学一线、全身心投入到教书育人的岗位并取得了突出成绩的教师进行重奖；对最受学生欢迎的老师进行重奖；对课堂效果最佳的老师进行重奖。四川大学从 2014 年开始设立"教学三大奖"，其中卓越教学特等奖 100 万元、一等奖 50 万元、二等奖 30 万元、三等奖 10 万元；重奖积极开展启发式讲授、互动式讨论、非标准答案考试等教育教学改革的教师；重奖课堂内外主动跟学生交流互动的教师；重奖利用科研项目、科研团队指导学生创新创业的教师；重奖在教育教学上有研究、有思想、有自己观点的教育家、思想家。四川大学还设立了"星火校友奖教金"，奖励潜心本科教学的一线教师。同时设立了"四川大学五粮春教育基金"以重奖一线教师。截止到 2017 年 12 月，四川大学累计奖励表彰教师 5364 人次。四川大学每年召开本科教学工作表彰会，表彰获得奖励的教师，每年表彰会犹如学校的重大节日，通过这样的形式更增加了获奖教师的荣誉感与职业幸福感。

此外，四川大学还实施了"优秀课程、优秀教师和教学团队奖励计划""优秀教师示范引导计划""十佳青年教师教学奖计划"及"十佳教师传帮带

① 四川大学官网。

奖”“十佳关爱学生教师奖”等计划，并颁布了一系列奖励计划的文件，保障这些教学奖励制度的有序实施。

（二）推进全过程考核评价改革

实施非标准课程评价。长期以来，学校都是推行的标准化考试，学期末考试前老师划重点复习范围，学生按划定的范围背诵，即使平时学习不努力的学生，考试前背背也能通过考试，很难考察出学生学习掌握的真实情况。标准化答案考试，也很难培养学生的独立思考能力。四川大学实施非标准答案考试改革，打破了传统的学生学业考核评价标准，不是简单去看学生背了多少，记了多少，而是要看学生想了多少、思考了多少。只要学生深入去想、去独立思考，有很好的想法，考试就可以得高分，即便学生的答案错了也没关系。四川大学通过实施非标准答案考试改革，促使学生在课堂上去主动思考、独立思考问题，真正培养学生的批判性思维和独立思考能力。

实施全过程学业评价考核。改变“期末一考定成绩”的做法，将课堂讨论、平时作业均计入总成绩，期末考试成绩原则上占总成绩比例不超过50%，平时考核不少于6次。100%课程实现全过程考试，使得期末考前突击在四川大学成为“过眼云烟”。

实施取消“60分及格”的学生学业考核评价体系改革。为避免学生临时突击考试，抱着“60分万岁”的心态学习，四川大学取消“60分及格”的学业考核评价体系，采用ABCDE几个等级来评价。实行动态及格线，根据课程难易程度、学生评价正态分布情况，动态确定及格线。同时将期末考试成绩的比重降到50%，将学生每次课堂讨论、每次课后作业、每次随堂测验，按照一定的比例折算到总成绩当中。改革之后，学校就不担心学生逃课问题了，因为学生缺一次课就会缺少一定比例的成绩，这在很大程度上督促了学生遵守学习纪律、积极主动地去学习。

（三）全方式推进个性化培养

四川大学力争给予学生适合个体发展的教育，鼓励学生个性化发展，让学生的个性、天赋、能力得到最大程度的发挥。而四川大学的“万门课程”为学生的自由选课和个性发展奠定了很好的基础。

四川大学注重学生国际化视野的培养，在本科教育中努力开拓学生的国际化视野，提升学生的国际竞争力。学校除了学生交流访学制度外，持续开展

"国际课程周"。2012年起，每年春季设立2~3周"国际课程周"，邀请哈佛等700位外籍专家，开设900门全英文课程，使川大学子不出校门就能聆听世界一流大学课程。

四川大学首创"双创18条"与创新学术社团，在全国高校率先制定实施"创新创业教育改革行动计划（18条）"，培养学生创新创业知识、能力、品质和本领。每年聘请300余位行业精英开课，组建行业导师队伍2300余人，建设校外实践基地540余个，每年立项大创2000余项，在四川大学的江安校区打造了学生"I创街"。实施"三进三结合"（学生进课题组、进实验室、进科研团队；鼓励教学与科研、课程与课题、研究团队和教学团队相结合），培养学生创新能力；建成学术社团681个，作为第一课堂的重要补充，发展学生的个性、爱好和特长。

（四）构建"学术殿堂式"的教学环境

四川大学持续加大对本科教育的资金投入，学校经费优先保障本科教育。除打造各类智慧教室和公共空间外，四川大学的网络云教室可跨校区、跨校园、跨国远程互动；手机互动和多视窗互动教室便于学生即时参与课堂、多屏呈现讨论过程，虚拟仿真教室可让学生体验MR"黑科技"，使得走廊、宿舍等公共空间将教与学的思维碰撞延伸至课外。四川大学加大资金投入，强化本科教育教学保障体系。实施了小班化、互动式教室改建工程，教师休息室建设工程、教学楼公共空间改造工程、学生宿舍研讨空间建设工程、教师独立工作空间建设工程、食堂交流区域建设工程等，努力把校园打造成处处都可以交流互动、学术讨论、潜移默化地激发学生创新精神的学术殿堂。

四、"探究式—小班化"教学的成效及意义

"探究式—小班化"课堂教学实现了教学模式从单向"灌输"向"启发式讲授、互动式交流、探究式讨论"的转变，学业评价从重死记硬背向关注学习过程和注重独立思考转变，课堂面貌焕然一新，课程质量大幅提升。师生互动探讨增强了课堂吸引力，学生"上课气氛活跃，精力集中"。全过程学业评价增强了学业挑战度，学生课下必须"忙"起来，课上1小时需课下投入2~3小时。"非标准答案考试"激发了学生的创新智慧，学生的优秀创意回答已集结成非标答案考试系列丛书七册。近五年来，本科生发表SCI、EI等高水平论文

1000余篇；近三年，学生获省级及以上学科竞赛奖励4000余项，其中，在三届中国“互联网+”大学生创新创业大赛中斩获7金3银1铜，金奖总数在全国高校中排名第二。

教师全身心投入教学，教学成果丰硕。四川大学重视教学，激励教师全身心投入到教学中来。教师积极参与教学培训，开展教学研究，主动进行课程和专业建设。截至2018年，四川大学获批国家级精品课程33门、“精品视频公开课”12门、国家级精品资源共享课31门、国家精品开放在线课程14门。2018年6月21日，“新时代全国高等学校本科教育工作会议”在成都召开，教育部党组书记、部长陈宝生等领导和包括150余所高校主要负责人，31个省、自治区、直辖市教育厅厅长在内的400余位与会代表考察了川大的智慧教学环境和华西医学教育，现场观摩46位教师的“探究式—小班化”课堂教学，陈宝生部长评价说：“老师和学生你来我往启智慧、线上线下探真知、现实虚拟频转换、手脑并用练本领，让我们看到了不一样的课堂，很受启发和触动。”①

“探究式—小班化”课堂教学全面推进了启发式讲授，有利于学生参与、师生互动交流，有利于开展批判式教学，是激发课堂教学活力，培养学生自主学习能力、批判性思维、跨界整合能力和创新能力的有效方式。②“探究式—小班化”课堂教学范式值得其他高校借鉴学习，但是这种课堂教学方式要求教师上研讨课的教学能力强，四川大学对上讲台的教师要求非常高，凡是竞聘四川大学的新进青年人才都要求经过教师资格证和课堂教学能力培训合格证“双证”资格认定后，才能进入教学岗位、上讲台，拥有“教学身份”后还要参加一系列的教学能力培训。“探究式—小班化”课堂教学需要降低生师比。截至2019年底，四川大学有专任教师4527人，全日制普通本科生3.7万余人，硕士研究生、博士研究生2.8万余人，外国留学生及港澳台学生4500余人。因此，实行课堂教学改革后就需要更多的教室资源，这就要求学校要大力加强对本科教育的资金投入，特别是基础设施建设投入，而四川大学占比80%以上的智慧教室为“探究式—小班化”教学的实现打下了良好基础。

人才培养是大学存在的根本和基本责任，一流大学应该首先办好本科教育。四川大学的本科教育教学是由学校党委和校长亲自抓的，学校高度重视，实现

① 四川大学官网教育教学板块中对于人才培养的概述。

② 周光礼．一流本科教育的中国逻辑——基于C9高校“双一流”建设方案的文本分析［J］．湖南师范大学教育科学学报，2019（3）．

了以人才培养为核心的办学理念，牢固确立了本科教学的基础地位，建立了保障课堂教学改革的教学相长的长效机制。"探究式—小班化"教学及其保障措施的改革，对高校进一步向课堂教学要质量做出了重要的示范和突出贡献，值得中国高等院校借鉴学习。

拓展阅读

我国1989年开展第一届国家级教学成果奖的评奖活动，在教育领域内首次拥有了与国家科技三大奖同一级别的国家级奖励。1994年3月出台的《教学成果奖励条例》明确规定，每四年评审一次，其中一等奖、二等奖由教育部直接批准，特等奖则由国务院审批确定。2014年首次开展了覆盖各阶段的国家级教学成果奖的评审活动，包括高等教育领域、基础教育领域及职业教育领域。

第十三章

深圳大学：创新创业教育的典范

深圳大学建校以来紧随特区发展，锐意改革，快速发展，形成了“特区大学、窗口大学、实验大学”的办学特色，以改革和创新的精神，培养高素质创新创业人才，引领社会进步与发展。深圳大学创新创业的人才培养特色和人才培养模式，以及深圳大学所培养人才的社会影响力，对建设我国一流本科教育有重大借鉴意义。

一、深圳大学建立背景及社会影响

1983年，创立伊始的深圳经济特区百废待兴，深圳特区高瞻远瞩，提出了要创办一所自己的大学的战略目标。当时，通过北京大学援建中文、外语类学科，清华大学援建电子、建筑类学科，中国人民大学援建经济、法律类学科等，深圳当年创建、当年招生、当年开学的深圳大学蓦然出现在中国高校之林，创建了高等教育的“深圳速度”。在那时，深圳大学就明确提出创办“新型高水平大学”的愿景目标。深圳大学在创立之初，就在高校管理体制上锐意改革，率先实行多项改革措施：毕业生不包分配、实行推荐就业制度、收费制度、奖学金制度、学分制度、勤工俭学制度、全员聘任制度，这些改革在全国计划经济为主的时代背景下均引起强烈反响。

深圳大学建立与扎实施行的勤工俭学制度，不仅培养了一批校园“实验餐厅经理”“实验银行行长”“客舍经理”“工厂厂长”等“高管”学生，也催生了深圳大学第一批投身商海的创业先锋，孕育了深圳大学最早的一批校园创客。十多万校友扎根深圳特区，英才辈出，活跃于社会各行各业。腾讯控股马化腾团队、红豆集团周海江、雪松控股张劲、巨人集团史玉柱、华强集团梁光伟、正中投资集团邓学勤等都是其中的佼佼者。深圳大学培养的创业型人才得到了社会的高度认可。在校友会2018中国最具财富创造力大学排行榜上，深圳大学有马化腾、史玉柱、李书福等八名校友登上2018年福布斯全球亿万富豪榜，校友总财富达5935亿元人民币（938亿美元），居“校友会2018中国最具财富创造力大学排行榜”榜首。全球亿万校友财富总额超过了第二位的北京大学和第三位的杭州师范大学的总和。①

马化腾：深圳大学1993届本科毕业生，获理学学士学位（计算机及应用），现任腾讯科技（深圳）有限公司董事会主席、首席执行官。

史玉柱：深圳大学1989届硕士研究生（数学系），现任巨人网络集团董事长，2016年福布斯中国富豪榜排名第46位。

周海江：深圳大学1987届本科毕业生（经济管理），现任红豆集团董事局主席兼CEO。

张劲：深圳大学经济学学士，现任雪松控股集团董事局主席，2018年个人财富位列《新财富》500富人榜第18名。

二、深圳大学创新创业教育人才培养模式

人才培养是大学的重要使命，深圳大学聚焦大学根本职能，打造创新创业人才培养模式。深圳大学的人才培养目标就是培养高素质创新创业人才，引领社会进步与发展。在“十二五”发展规划中，深圳大学明确提出“把深圳大学建设成为一所立足深圳、面向国际、特色鲜明、影响显著的创新创业型高水平大学”的发展目标。② 深圳大学始终把创新创业教育贯穿于人才培养全过程。这和深圳大学的建立背景及所处地理位置有很大的关系。深圳是一个现代化国际化创新型城市，对高教发展的期望前所未有，高等教育是深圳的短板，深圳的城市发展为区域高等教育发展提供了强大的外部动力和资源支持。

深圳大学在“有教无类、因材施教、厚积薄发、经世致用”的办学理念指导下，立足深圳、面向国际，培养高素质创新创业人才，引领社会进步与发展。

① 艾瑞深校友会网在校友会2018中国最具全球财富创造力大学排名中公布的数据。

② 深圳大学官网本科生招生板块中对人才培养目标的阐述。

为实现人才培养目标，深圳大学在专业设置、课程体系、教学内容体系、教学方法、人才培养管理制度等方面进行了大胆改革创新，为其他高校的创新创业人才培养提供了可推广的经验。

（一）强化实践教学，建立学生创业园

深圳大学在专业人才培养方案中加大实践教学学分要求，鼓励各专业创新创业人才培养模式创新。如管理学院面向全校学生开设了“创业精英班”；计算机与软件学院开设《互联网创新创业》课程，采用全新创业训练营模式，课程在 IBM 实训基地进行，由企业高管授课；传播学院广告学本科专业承接企业委托的真实项目作为毕业设计选题。

深圳大学 2009 年 7 月建立了学生创业园，创业园区面积 2000 平方米，可同时容纳学生企业 34 个，对有市场潜力和竞争力的科技创新项目或在商业模式上有特色和创意的项目给予资金扶持和场地资助，资助对象包括应届毕业生（包括毕业一年以内的毕业生）和在校研究生，每年投入约 200 万元，通过由校外专家组成的项目评审委员会对申请资助的学生创业项目进行评审，入围企业可给予 3 万~20 万元不等的资金扶持，每年可支持 30 家大学生创业企业。

学生创业园还会邀请企业高管、管理专家开设包括创新教育、商业模式、风险投资等内容的专题讲座；针对园区企业定期举办创业沙龙和“专家会诊”。园区企业会面向在校生提供勤工助学岗位，面向毕业生提供就业实践岗位，极大地提高了学生实践能力。创业园开阔了学生的思维，学生利用自己所学，发挥自己的潜能，在创业园学习工作的过程中，逐渐确认了自己理想的职业发展方向，而这其实是很多高校的大学生在毕业时还尚未意识到的一个问题。

（二）多维立体的创业教育课程体系

深圳大学建立了融必修课与选修课为一体的创新创业教育系列课程，2004 年就开设了专门的《创业指导》课程。目前，面向全校学生开设了《创业学》《创新与创业》《创业实践与拓展训练》《创业实践指导》等数十门选修课。

深圳大学建立了融入创业教育理念和元素的系列专业课程。在专业课程中融入创业教育。学校将创新创业教育广泛渗透到其他各专业课程中，培养不同学科背景学生的创新创业精神和创新创业意识，鼓励教师进行创业教育课程建设的探索与研究，将创业教育理念贯穿于各专业教学的过程中，让不同专业的学生都能接受基本的创业教育。强化课程教学方法改革，注重商业计划、讨论、

校外行业专家讲座、创业案例研究等方法在教学中的应用，为具有创业兴趣和潜质的学生提供系统和综合的创业课程，循序渐进地帮助学生形成创业思维。

深圳大学还建立了融职业生涯与就业指导为一体的创业指导系列课程。深圳大学长期开设《职业生涯规划与管理》《职业素质与能力拓展》《职业素养训练课程》《就业指导》《信息人才职业生涯规划》等课程，帮助学生做好职业规划和就业指导，让学生尽早对未来职业有清晰的规划。

（三）设立创业教育基金

深圳大学早在2007年就开始设立"大学生实验室开放基金"校级项目，开展"大学生创新创业训练计划"，从教育教学制度确保创新创业人才培养落实到实处。同时，深圳大学还出台《深圳大学实验室开放基金项目管理办法》《深圳大学"大学生创新创业训练计划"工作方案》《深圳大学"大学生创新创业训练计划"项目管理办法》等相应的管理办法，以确保制度实施的可持续性。[①] 2009年，深圳大学又设立"创业基金"，用于资助学生创业项目，并建立创新创业大赛资助机制。

三、深圳大学保证人才培养目标实现的举措

深圳大学遵循高等教育发展规律，走内涵发展、创新发展、协调发展之路。以学科建设为引领，着力推进高水平师资队伍建设；以改革创新为动力，利用良好的改革氛围和改革承受力，通过改革释放发展活力，构建与高水平大学相匹配的大学治理结构与人事、科研、教学制度；以大学贡献为尺度，通过人才贡献、学术贡献、产业贡献和经验贡献，提高学校的学术影响与社会影响，同时为学校筹措更多的办学资源。

（一）深化人事制度改革，加强师资队伍建设

在高校的改革发展中，高校师资队伍发挥着至关重要的作用，教师是高校的灵魂，更是实现人才培养目标的主体，因此科学合理的人事制度，才能吸引高层次人才的加盟，激发现有师资队伍的活力。深圳大学出台了一系列人事管理办法，例如《预聘—长聘制教师管理办法（试行）》《深圳大学"千百十工

① 深圳大学官网本科生招生板块中对实现人才培养目标出台的管理办法。

程”人才培养实施细则》《深圳大学交叉学科创新团队培育办法（试行）》等。[①] 同时以存量教师聘任制改革为基础，盘活存量，激发师资队伍活力，实行教师分类管理制度，对教师考核的周期是三年，执行评聘合一的制度。以新增教师管理体制改革为突破口，形成竞争择优的用人机制。不同类别的教师签订的合同不同，有特聘教授、预聘—长聘制教授、合同制教学教师、无事业编制的教师等，根据考核结果执行非升即走的制度。深圳大学以研究人员改革为增长点，扩大博士后和专职研究人员规模，提高了在深圳大学做博士后的人员的待遇，并开通了职称评审通道，吸引了大量优秀的人员加盟。深圳大学同时以管理和技术人员改革为支撑，为高水平大学建设提供了良好的服务保障。

经过一系列的人事制度改革，深圳大学的师资水平整体跃升。目前，39 位国内外院士（含短聘）和诺贝尔奖获得者领衔，共有国家、教育部、广东省高层次人才近 160 人；深圳市高层次人才 563 人，“孔雀计划”人员 727 人。2019 年，深圳大学新增三位国家杰出青年，这在数量上位列地方高校第一，其高层次人才超过国家 211 大学中位水平。

（二）实施教学改革，重视拔尖创新人才培养

深圳大学实施本科教学改革行动计划，在“拔尖、卓越、复合”理念的引领下，学校构建了分层分类人才培养体系，目前已重点建设六种类型特色实验班 30 个。新生入校之后，通过考试选拔，进入高等研究院学习，进行高水平、小规模、研究型、国际化的精英培养。入读学生第一学年可享受全额学费奖学金，第二学年起，则可申请“拔尖创新人才奖学金”，并通过第二次招生考试入读数理金融实验班、投资科学国际接轨实验班、国学精英班、创新实验班等各类 30 个特色实验班。各实验班充分利用优质教育教学资源，采用个性化教学组织、研究型教学模式和开放灵活的管理制度，精心构建课程体系，科学制定评价要素，实行学术导师制、小班授课制、翻转课堂教学、研究性教学、学习结果形成性评价，促进不同类型、不同层次的优秀人才脱颖而出。深圳大学的拔尖创新人才计划还包括国际名校深造，自选学业导师和知名校友的企业导师，直接进入“大学生涯规划导师全程跟踪计划”和高端科研实验室，推荐进入

① 深圳大学人力资源部官网中列出的政策法规。

“百强名企带薪实习计划”。[①] 深圳大学的拔尖创新人才培养体系在人才培养中发挥了显著效果，取得了良好成效。

与此同时，为了激励教师教学投入，深圳大学建立了科学有效的本科教学奖励体系，形成《本科教学教师奖励办法》，实现教学评奖的规范化和制度化，真正发挥教学奖励的评价、导向和激励作用。设立了校长教学奖、腾讯良师奖、腾讯教学管理团队奖和教学成果奖等综合奖，还有提出贡献奖、十六项单项奖。全面鼓励教师全身心投入到教学中来。

深圳大学在创业教育中，实施课内“创新研究短课”与课外“聚徒教学”相结合的创新教育模式，创建“创新创业实践与学生发展”课程模块，打造了一批特色鲜明、理念先进、教学相长的优质创新创业课程，形成了一套创新与创业、课内与课外、理论与实战相结合的、系统完善又富有特色的创新教育体系。“创新研究短课”设置科研项目短课、专题研讨短课、专技实践短课和学院特色短课四类，以学术研究性、探索性和实践性为开课原则，以培养学生创新意识与科学实践能力为目的，鼓励教师将科研项目带入课堂、组织学生围绕学术主题进行研讨探索和方法训练或开展专用技能集中训练和培训等。“聚徒教学”为课外实施的以研究性、实践性教学为特征的教学活动，以“聚徒”教学专题项目为主，辅以各类学院学术活动（如学术沙龙、主题研讨等），通过“师传徒”“老带新”的形式延伸课堂教学内容，以激发学生创新意识、拓展学生思维能力和提升学生专业素质。

深圳大学创业教育贯穿人才培养的全过程。深圳大学的创业教育实施四年一贯制的创业教育与训练。低年级开设“创业兴趣引导课”，激发学生创业兴趣、培养学生创业意识；中低年级开设“创业通识课”，讲授创业所需财税、金融、法规、企业管理和项目运营等方面的基本知识，培养学生创业品质；高年级开设“创业专长课”，讲授各专业领域创业所需的产业模式、业态特征、产业政策等行业知识，增长学生创业技能。此外，深圳大学还广泛开展创业素养和技能训练，如：大学生创业训练计划、创业论坛、创业大赛等，以项目、竞赛与活动为载体，针对性地加强创业素养训练，组织创业团队，开展创业实战。

深圳大学还牵头组建了全国地方 UOOC 高校联盟（目前高校成员已达 120

---

① 曾明．大学国际化人才培养路径的探索与实践——以深圳大学为例［J］．教育教学论坛，2017（19）．

所），建设大规模开放式在线课程平台（MOOCS）（全国四大 MOOC 平台之一，另外三个平台是学堂在线、北大慕课、好大学在线），学生在深圳大学，足不出户即可修读全国各高校的优质课程。与此同时，深圳大学还与境外 289 所高校（机构）建立校际交流合作项目，鼓励学生海外交换学习，采取双校园培养模式，海外和本土教育并举。深圳大学实行学分制，学生修满规定学分，即可毕业，弹性学制允许优秀学生提前毕业。深圳大学还规定学生可自主选修课程，自主修读辅修专业、双学位，对学生跨学科能力、创新能力的培养提供了很好的机会。

（三）营造校园创业文化

深圳大学坐落于深圳特区，深圳是一个现代化国际化创新型的城市，更是一片改革创新的热土。深圳大学对创业教育高度重视并大力投入资金支持，同时有马化腾、史玉柱等杰出创业校友做榜样，为深圳大学的学生带来了很大的创业影响。全校形成了师生共同参与的有课程、有项目、有协会、有平台、有基地的创业服务环境，通过各项活动，形成了浓郁的校园创新创业文化氛围。

深圳大学把课外科技文化活动作为实施素质教育、提高学生创新实践能力的重要途径。2002 年，深圳大学制定了《深圳大学学生创造性成果奖励办法》，设立学生学术科技创新奖，鼓励学生积极参加科技发明、学科竞赛、学术活动，并对参加这些活动取得优异成绩的学生给予学分奖励和奖金奖励。此外，深圳大学还制定了《深圳大学专业创作室实施与管理办法》，为学生开展课外科学研究、设计制作与发明创造提供支持。

深圳大学组织创业大赛，营造创业氛围。深圳大学每年举办"深圳大学挑战杯大学生创业计划竞赛"。学校的管理学院从 2007 年开始举办全国大学生创业大赛、管理创新大赛、营销好点子大赛、ERP 沙盘大赛、"尖峰时刻"企业战略模拟大赛、网络营销大赛等。此外，深圳大学还和社会名企合作，为深圳大学的学生提供更多的创业学习机会。2010 年，深圳大学、深圳移动、腾讯移动互联网实验室合作暨"MM 百万青年创业计划"深圳大学启动仪式签约。

深圳大学在创业实践中，充分发挥学生的积极性。发挥创业协会和学生职业发展协会等就业创业类社团的主体作用。创业协会以"基于大学生理论基础，积极锻炼大学生的实践能力，培养大学生创业理念和创业素质"为指导思想，指引大学生最新的创业理念和商业发展模式。深圳大学对进入学生创业园区的学生企业每年投入约 200 万元进行资金扶持，而这些园区企业会主动向在校生提供勤工俭学的岗位和良好的企业实践学习机会，还会向毕业生提供就业实习岗位。

（四）建立制度保障机制

深圳大学成立了由校长牵头的大学生创新创业工作领导小组，积极推动创新创业教育。学校出台《深圳大学关于进一步加强创新创业教育的若干意见》，明确创新创业人才培养体系。成立“深圳大学创业园管理委员会”；建立深圳大学学生创业基金；成立由教务部、招生办、团委、学生部等协同工作的创业教育工作组。同时，深圳大学制定了一系列的创业教育的管理办法，如《深圳大学学生创业项目评审暂行办法》《深圳大学学生创业园管理办法》《深圳大学“大学生创新创业训练计划”项目管理办法》《深圳大学“大学生创新创业训练计划”工作方案》等。此外，深圳大学还建立了长效的创业教育保障机制，形成了投入经费保障制度，如大学生创业园每年投入约 200 万元，每年资助创业园内大约 30 家大学生企业；每年投入实践经费每生 600 元，全校每年投入约 1000 万元；实验室每年投入 0.8 亿元；大学生创新创业训练项目每年投入约 100 万元；大学生实验室开放基金每年投入 42 万元。深圳大学的创业教育做得非常好，在社会上形成了良好的影响，这与深圳大学投入大量的创新创业经费支持是分不开的。

四、深圳大学创新创业教育的成效及启示

深圳大学自建校以来，在“有教无类、因材施教、厚积薄发、经世致用”的办学理念指导下，始终朝着“培养高素质创新创业人才，引领社会进步与发展”的人才培养目标努力，其创新创业教育改革的成效在社会上有目共睹。

（一）创新创业教育人才培养模式改革的成效

深圳大学培养出了一大批符合地方经济社会发展需要的创新创业人才，涌现出了一批创新创业领军人物，为国家和特区的发展做出了重要贡献。腾讯控股马化腾团队、红豆集团周海江、巨人集团史玉柱等都为大众所熟知，并且他们的创新改革在一定程度上也改变了人们的生活交往方式。例如腾讯马化腾团队开发的社交工具腾讯 QQ 等。

深圳大学的创新创业教育人才培养模式的改革也得到了深圳特区和国家的

肯定。深圳大学被确立为“广东省大学生创新创业教育示范学校”和“深圳市首批创新创业基地”。2016 年，深圳大学与北京大学等其他 98 所高校被确立为“全国首批深化创新创业教育改革示范高校”。2016 年 9 月，国家教育体制改革领导小组办公室以《深圳大学：推动创新创业教育“五个转变”》为题，单篇推介了深圳大学创新创业教育并以《教育体制改革简报》形式，印发全国，向全国推广深圳大学的创新创业教育人才培养模式。

（二）深圳大学创新创业教育的启示

1. 坚持问题导向，进行各项改革

深圳大学始终朝着“培养高素质创新创业人才，引领社会进步与发展”的人才培养目标努力。深圳大学在发展过程中找准自己的发展方位和短板，精准施策，加大人才引育力度，深化人事制度改革，构建多层次创新创业人才培养体系，积极推动创新创业教育从服务少数创业学生向覆盖全体学生转变；从对学生创业的后端扶持向全过程扶持转变，让创业教育贯穿学生的整个大学生活；从传统创业项目孵化向新兴业态项目孵化转变，孵化更多附加值高、发展潜力大的新兴业态项目；从过去部门各自为战向协同作战转变，全面构建与大学相适应的新型创业文化；从主要依靠学校资源向更多争取校友和社会资源转变，使学生创业项目尽早得到社会的检验和支持。在创新创业教育人才培养全过程中，学校领导高度重视，全校的教学部门和管理部门分工协作，共同推进工作。

2. 坚持特色导向，探索人才培养模式

深圳大学在人才培养过程中勇于改革创新。深圳大学坐落于深圳特区，改革是深圳特区的基本基因，也是深圳大学一直在努力践行的文化基因。深圳大学在发展过程中不盲从不跟风，在已有的政策体制框架下，敢于创新，在高层次人才引进、“预聘—长聘”制、3+1 人事制度、扩大博士后规模、学科孵化辐射、创业创新教育等方面，勇于探索自己的路径和模式，打造自己的特色和品牌，最终取得了巨大成功，为区域社会发展贡献了优秀的创新创业人才。

3. 坚持需求导向，争取地方政府支持

深圳大学以地方经济社会发展的需求为各项办学事业的风向标，用高水平供给产出赢得发展空间和资源。这点很值得其他高校特别是地方高校借鉴。服务地方经济的发展，才能获得地方政府更大的支持，共同发展。深圳大学是深圳市全资办学的大学，与这座城市的发展息息相关，深圳大学的发展离不开深圳的倾力支持。同时，深圳大学也加强了对深圳经济社会发展的支撑作用，先后建立了南山工业技术研究院、龙岗创新创业研究院、龙华生物产业创新研究院等技术孵化平台，将学校最新的科研成果转化为了实际的生产力。深圳大学还着力加强文科智库建设，成立饶宗颐文化研究院、“一带一路”研究院、城市治理研究院、文化产业研究院等，深度参与深圳市相关重大决策，定期提供资政报告，产生了重要的政策影响。①

此外，深圳大学还充分发挥了校友的作用，获得了校友的大量资金支持和帮助。校友捐赠是评价大学教育教学质量、社会影响力、校友商业成就的核心指标。在校友会 2019 年中国大学社会捐赠排行榜中，深圳大学排名 18。校友的捐赠为深圳大学更好地发展带来了经费支持，同时扩大了学校的社会影响力。

虽然深圳大学在全国高校排名中并不靠前，但是其人才培养质量却得到了社会的普遍认可，真正决定一所大学生命高度的正是人才培养质量，深圳大学的创新创业教育人才培养模式值得其他高校借鉴。立足地区经济发展，服务地方，面向全国，面向国际，强化创新驱动，实现大学的内涵发展，建设新时代人民满意的高水平大学是新时代对每所中国高校的新要求。

① 李艳，周一．服务国家战略　建设特区国际化一流大学——访深圳大学校长李清泉［J］．世界教育信息，2018（22）．

第十四章

合肥学院：应用型人才培养的典范

一流本科教育是一流大学的立校之本，是高等教育发展的基石。多年来各高校在本科教学改革方面做了很多有益探索，积累了很多有效的实践经验、做法和成果，许多理念、举措具有重要推广价值。① 我们要建设一流本科的教育，就要做好已有经验的总结和继承创新。合肥学院是一所在“改革中诞生，开放中成长，创新中发展”的省市共建，以市为主的全日制、公办本科院校。它虽然在全国高校排行榜上并不居于前列，也并非是国家985、211工程建设的重点高校，但是合肥学院在应用型高校建设方面取得了巨大成就，值得我们研究。

地方应用型高校是我国高等教育的重要主体，是地方经济社会发展重要的智力、技术和文化支撑。在新时代如火如荼的“双一流”建设背景下，地方应用型高校高水平建设关乎国家社稷，关乎民生福祉。因此研究地方应用型高校的建设经验具有重大意义。合肥学院长期致力于应用型发展模式的探索与实践，在与德国长期合作的基础上，在全国率先提出并落实“地方性、应用型、国际化”办学定位，借鉴德国经验，开放合作，创新发展，推进应用型大学建设，在中国地方本科高校转型发展和高等教育改革中发挥了引领和示范作用。② 按照教育部安排，合肥学院先后30多次为全国地方本科院校党委书记和校长培训班、转型培训班等作教学改革报告。2015年，在由《中国教育报》、中国教育新闻网主办的第四届全国教育改革创新典型案例推选颁奖暨创新成果展示活动中，合肥学院被授予第四届全国教育改革创新特别奖。

---

① 张大良．创建具有中国特色世界水平的一流本科教育［J］．中国高教研究，2016（6）．

② 张大良．把握“学校主体、地方主责”工作定位 积极引导部分地方本科高校转型发展［J］．中国高等教育，2015（10）．

一、合肥学院发展历程

合肥学院的前身是创办于1980年的合肥联合大学，建校伊始提出“适当收费、不包分配、按社会需求设置专业、后勤社会化”的办学模式，引起《人民日报》《光明日报》等主流媒体的广泛关注，学校被誉为中国高等教育改革的“小岗村”。2002年3月，经教育部批准，原合肥联合大学和合肥教育学院、合肥师范学校合并为合肥学院。经过30多年的发展，合肥学院获得了巨大成功。目前，学校占地面积1255.92亩，建有16个教学科研单位、61个本科专业，在校学生规模达16256人。学校是“中德教育合作示范基地”，首批“服务国家特殊需求人才培养项目”硕士研究生试点学校，首批承担“卓越工程师教育培养计划”的高校，全国应用型本科高校专门委员会副主席单位，长三角地区应用型本科高校联盟主席单位，安徽省应用型本科高校联盟常任主席单位，安徽省地方应用型高水平大学建设单位，2018年度全国创新创业典型经验高校，国家新工科教育与研究成员单位，中德经济顾问委员会成员单位，全球中小企业联盟战略合作伙伴。①

合肥学院的发展大致经历了三个阶段。第一阶段（1980～1985年）是学校的初创期。1980年，在安徽省人大常委会副主任、安徽省科协主席、中国科技大学副校长杨承宗先生的积极倡导下，安徽省政府批准成立了合肥联合大学。作为首任校长，杨承宗先生提出一系列高等教育改革措施：作为事业单位，学校实行董事会领导下的校长负责制，由时任合肥市委书记郑锐兼任董事长；没有校园校舍，所有教学都是“联办”，许多都是介入在中国科技大学、合肥工业大学、安徽大学等的教学空挡中完成；没有固定的师资队伍，所有的教师都是从合肥地区12所高校中择优聘用。② 1985年，安徽省人民政府和德国下萨克森州政府签署了按照“德国应用科学大学办学模式，共建一所示范性应用型本科院校”的协议，合肥联合大学成为德方在中国重点援建的两所示范性应用型高校之一。下萨克森州无偿援助了400万马克，其中，300万用于实验室建设，100万用于教师培训和专业建设。中方配套5000万元人民币，支持学校对德合

① 合肥学院官网介绍的合肥学院的发展历程。

② 周琰．助合肥创办地方大学［N］．合肥日报，2014-09-11（B02）．

作。[①] 此次协议的签订不仅为学校发展带来了宝贵的资金，而且为学校植入了国际化、应用性的文化元素，造就了学校发展的第一个“黄金时期”。应该说，这个时期基本奠定了学校的文化基因，是学校变革的初始禀赋。[②]

合肥学院首任校长——杨承宗

杨承宗（1911~2011 年）先生是中国放射化学奠基人、核燃料化学奠基人、质谱学创始人。温家宝总理 2010 年 9 月 16 日致信杨承宗先生“承宗先生：在您百岁华诞的时候，我谨向您表示祝贺和敬意。愿先生健康愉快，继续为我国教育事业和科技事业做出贡献”。

第二阶段（1986~2002 年）是创新中求发展阶段。合肥联合大学招收“自费生”的制度创新使之成为了“落榜生的摇篮”，其成功经验受到其他公办高校的学习和模仿。但随之，合肥联合大学的发展空间也不断受到挤压。1993 年之后，学校开始走下坡路，生源不断萎缩，为了谋求生存与发展，合肥联合大学不断向其他公办高校靠拢，并思考今后的发展方向。2002 年，在政府的推动下，合肥联合大学、合肥教育学院、合肥师范学校合并组建合肥学院。

第三阶段（2003 年至今）是转型发展期，转型发展期又分为四个阶段。2003 年，合肥学院率先提出应用型办学定位，正式将自己的办学定位确定为“地方性、应用型、国际化”。开展教育思想观念大讨论，完成思想观念的转型。2005 年全面开始实践，构建系统化的应用型人才培养体系。2009 年以来进入深化转型阶段，根据国际高等教育理念新变化，强化内涵建设。2016 年，为了深化应用型人才培养模式改革，结合德国“双元制”高等教育领域的新探索，与德国大陆集团、埃姆登/里尔应用科学大学开设机械设计制造及其自动化专业（生产技术方向），首批 25 名学生开班。这是中国第一个真正意义上的“双元制”高等教育专业。10 多年转型期的努力发展，让合肥学院获得了不菲的成绩。

① 陈艳楠，黎静．合肥学院与德国的 30 年情缘［N］．合肥晚报，2015-10-30（A02）．
② 周光礼．从同型竞争到错位竞争——高校品牌形成机制研究［J］．中国高教研究，2017（10）．

二、合肥学院教育改革的措施

合肥学院在与德国长期合作的基础上，借鉴德国应用科学大学办学经验，围绕应用型人才培养关键要素，不断深化改革，走出了一条符合自身发展的应用型大学办学之路，并取得了巨大成功。在转型发展过程中，合肥学院着力推进八个方面的转变工作，系统构建了应用型大学建设体系。

（一）办学理念向“应用型”转变

2003 年，合肥学院提出了建设“地方性、应用型、国际化”的办学定位，通过国际化的理念、思路和平台推动学校发展，同时改革创新人才培养模式；2010 年，针对应用型本科是否是高等职业教育这一问题，提出坚持以“科学为基础，应用为重点”；2013 年，针对高水平应用型大学建设，合肥学院提出了要坚持应用型定位，深化“校企合作，产学研合作”。

（二）专业结构向“需求导向”转变

地方高校服务地方经济发展，才能得到地方政府更大的支持。为使学科专业服务区域发展，与区域产业结构对接，合肥学院根据社会需求设置专业；突破学科定式，设置新专业；根据模块化教学体系，增加专业社会适应性。例如：围绕合肥市支柱产业，学校及时调整设置机械电子工程、物流管理、会展艺术与技术、交通工程等新专业，强化对区域产业发展的支持。目前，合肥学院的学科专业密切对接合肥八大支柱产业。根据企业对复合型人才的需求，设置学科交叉专业，如创办目录外专业——经济工程专业（已通过德国专业认证），培养既懂技术又懂经济的管理人才。

（三）培养模式向“产教深度融合”转变

合肥学院深知产学研合作育人是应用型人才培养的必由之路，他们建立了“全过程、一体化”的产教深度融合的人才培养模式，把产教深度融合贯穿人才培养的全过程；从人才培养方案制定、人才培养过程、质量保障体系等各环节实质融入，推进一体化的建设。合肥学院结合企业真实案例，通过建立项目库，将教学融入真实场景，多渠道开展实训等举措，实现实践教学和真实项目的融合；合肥学院还和企业共建多层级校企合作组织，保障产教深度融合。

（四）课程体系向“能力导向”转变

合肥学院在转型发展过程中实现了从“知识本位课程体系”向“能力本位课程体系”的转变，不过分强调学科知识的系统性和内在逻辑性，以专业为导向，以职业或行业所需的知识、技术或技能为中心，注重将理论知识与实践知识有机融合起来。在课程设计安排中，强调基础课的适用性，课时适当下调，优化和整合了课程内容，降低了基础专业课的重复性；强调专业课的讲授要理论联系实际。同时，合肥学院提出了“课程结构模块化”的新教学理念。“模块化教学”坚持能力导向的教学理念，关注学生学完一个模块后能获得哪些方面的能力，而不是教师要讲什么。此外，合肥学院不断完善构建模块化课程体系的逻辑步骤，以提高人才培养质量。

（五）教学过程向“以学为中心”转变

合肥学院在教学过程中落实“以学为中心”理念，从制度、方法、考核和保障上，系统构建教学新机制，促进“教”与“学”的统一；将传统的“以教为中心”转变为“以学为中心”，更加重视对学生“学”的考核，围绕激发学生学习内驱力和全面发展、个性化发展，设计教学制度体系；将过去以教师“教的工作量”为核心的学分计算方法，改为以学生“学的学习量”为核心的学分计算方法，有效规划学生课内外学习，有目标地指导学生自主学习。合肥学院积极开展教学方法改革，引进了很多以学为中心的教学方法，如项目教学法、翻转课堂、项目式学习（PBL）等。在这些教学方法改革过程中，履行教育教学任务的教师尤为关键。合肥学院注重过程考核，同时重视对学生自主学习效果的评价，不断完善自主学习考核方式、内容，实现从单一知识评价向以能力评价为主的多元化评价、综合性评价转变，促进学生自主学习。同时，做好学生学习的服务保障工作。合肥学院建立了以学为中心的服务体系，鼓励学生开展团队学习、合作学习、自主学习，加强信息化、图书馆、教室、实验室管理，为学生的学习提供良好的环境。

（六）师资队伍向“双能型”转变

应用型高校需要“双能型”教师，教师只有有企业实践经验才能更好地教学、指导学生。“双能型”教师是指教师同时具备教学能力和产学研合作能力。在国外，应用型大学对教师的要求通常是需要有企业工作经历的。例如：德国要求应用型大学教师必须博士毕业且有五年以上企业工作经历，瑞士要求应用型大学教师必须博士毕业且具有10年以上企业工作经历。为打造“双能型”师资队伍，合肥学院采取了鼓励教师开展产学研合作、引进具有企业工作经历的教师、教师到企业挂职锻炼等办法，同时，制定了“双能型”师资认定标准，实施了教师能力提升计划。经过一系列的改革，目前，合肥学院专业课“双能型”教师占56.46%，其中工科占64.29%。

（七）资源保障向“两个开放”转变

资源对地方高校来说尤为重要，合肥学院通过向“国际开放”和“地方开放”转变，提升学校资源保障水平。在师资队伍方面，实施了对国外高校、行业企业的“开放式引入”。在平台建设方面，合肥学院搭建了高水平产学研合作平台，依靠平台申请科研经费和进行人才培养，合肥学院与德国欧绿保集团共建中德固体废弃物研究协同创新中心，共同研究固废处理、环巢湖治理、电子垃圾处理、汽车垃圾处理等问题。合肥学院还同德国生物质研究中心共建了中德生物质研究区域中心，共同研究生物质废物和残余物的能源与资源化利用，并共同培养研究生；与德国毕克化学公司共同建设了纳米材料应用开发实验室、先进功能涂料评价实验室、纳米材料中试兼生产示范线，还联合培养应用型学术硕士研究生。在资金支持方面，合肥学院始终坚持扎根地方土壤、以服务求支持、以贡献求发展的理念，争取地方政府的支持。合肥学院与安徽省、合肥市共建巢湖研究院，承担巢湖治理、保护和发展研究①。安徽省还在合肥学院建设了6000平方米研发中心，六个研究室，和合肥学院共同培养研究生。截至目前，合肥学院与国内外企业、地方政府和科研院所、高校共建40个校内嵌入式实验室、技术研发中心等，并建有校外实习实训基地242个。这些举措一方面为提高学生解决实际问题的能力提供了资源保障，另一方面切实提升了教师产学研合作能力和学校服务地方经济发展的能力。

（八）质量评价向“两满意”转变

合肥学院在人才培养考核上，实行全过程、全方位信息化实时监测，实行过程考核与结果考核相结合。学校导师与企业导师共同制定考核评价目标和标准及其相应的评定办法，实现校内评价与校外评价对接。合肥学院建立了25个

---

① 安徽省给了巢湖研究院40个编制，以支持研究院的发展。

主要环节质量标准，将学生评价、毕业生跟踪调查、用人单位走访、招生就业评价、第三方评价等纳入评价体系，实现内部评价向内外结合转变。合肥学院建立了校外质量监控体系，包括政府、行业企业及第三方独立评价机构，共同检查、监督、咨询和指导，形成了客观公正的多元校外评价体系，有效发挥了校外质量监控的保障作用，实现了人才培养质量观的转变，把“学生满意”和“社会满意”作为人才培养的质量标准。

三、合肥学院教育改革的成效及启示

合肥学院经过转型发展，构建起了具有鲜明特色的应用型人才培养体系，为区域发展培养了大批高素质应用型人才。

（一）合肥学院教育改革的成效

合肥学院教育改革的最大成效就是本科生培养质量高，就业、招生形势好。近五年来，学生获省级以上奖项共计 3311 项，其中国家级奖项 1279 项。如获葡萄牙 2016RoboCup 公开赛冠军，第 20 届、21 届 RoboCup 机器人足球世界杯第七名、第六名，第十届“西门子杯”中国智能制造挑战赛全国总决赛特等奖（第一名），等等。毕业生就业率始终位居全省前列，是全省高校就业工作标兵单位，70%左右毕业生留在安徽省内就业，其中 55%左右在合肥市就业，企业评价毕业生“下得去、留得住、用得上、离不开”，被誉为“合肥市工程师培养的摇篮”。合肥学院还成功入选“全国第二批深化创新创业教育改革示范高校”。合肥学院的招生分数形势好，2018 年，学校整体进入第一批次招生，文、理科投档最低分分别高出一本控制线 14 分、15 分。2019 年，文、理科投档最低分分别高出一本控制线 11 分、14 分。①

合肥学院教学改革成绩突出。合肥学院 2009 年获得国家教学成果奖二等奖，2014 年获得国家教学成果奖一等奖，填补了安徽省属高校该项奖项的空白。2015 年，合肥学院获第四届全国教育改革创新特别奖。2016 年，联合德国大陆集团、德国应用科学大学设计“双元制”高等教育专业，探索产教融合新模式。2018 年，合肥学院再次获国家教学成果奖一等奖一项、二等奖一项，并获得硕士学位授予权。2018 年、2019 年连续两年获得国家科技进步二等奖，连

① 合肥学院官网介绍的合肥学院的招生录取情况。

续五年荣登安徽省专利百强榜。

合肥学院与国内外交流不断加强。合肥学院与德、韩、日、美、意、西、奥、英、俄等国及中国台湾地区的71所大学建立了合作关系。2000年以来，先后有500多个德国政府、社会团体、友好学校及企业的代表团访问合肥学院。2016年8月，合肥学院在德国施特拉尔松德市建立了第一所孔子学院，这也是安徽省在西欧的第一所孔子学院。默克尔总理应邀为孔院揭牌，被誉为“孔子学院发展史上的里程碑”。合肥学院打造了中德应用型高等教育交流平台，举办了十届中德应用型高等教育论坛；打造了中国—瑞士、中国—荷兰应用型高等教育交流平台；打造了应用型高等教育研究平台，创办了期刊《应用型高等教育研究》，这是中国第一本应用型高等教育领域学术刊物，2016年第一期发行，由斯普林格出版社用德文出版并在欧洲及世界范围内公开发行。

《应用型高等教育研究》

《应用型高等教育研究》是面向国内外公开发行的唯一的一份应用型高等教育研究的专业性学术期刊，由合肥学院创办。该刊是中德教育合作示范基地的学术载体，由中德双方共同编辑发行，每年均会精选部分优秀论文用德语或英语在斯普林格出版社出版，目前已经被认定为三类学术期刊。

合肥学院的教育改革成效得到了国家和社会的高度认可。2015年10月30日，国务院总理李克强和德国总理默克尔共同视察学校。李克强指出：“合肥学院30年来的发展壮大是中德务实合作的成功典范”，德国总理默克尔称赞合肥学院是“中德近30年合作的光辉典范”。两国总理共同决定在合肥学院设立中德教育合作示范基地及基金。2017年，国务院副总理刘延东称赞合肥学院采取多种形式创新办学模式，一些做法很好，有的可在省里试点推广。中国高等教育学会会长、教育部原部长周远清肯定了合肥学院的办学特色，说合肥学院正在走出一条很有特色的路子，已经走出了一条开放的地方性的应用型高校发展之路。鉴于合肥学院应用型高校建设经验，教育部安排其他地方高校学习合肥学院的改革经验。按照教育部安排，合肥学院先后30多次为全国地方本科院校党委书记、校长培训班和转型培训班等作教学改革报告；为兄弟省教育厅和高校作了120多场专题报告。

（二）合肥学院教育改革的启示

合肥学院取得的成绩斐然，其成功取决于多方因素。合肥学院的战略转型是很主要的成功因素。2002年，原合肥联合大学和合肥教育学院、合肥师范学校合并组建合肥学院。合肥学院开始进行战略转型，由同型竞争战略向错位竞争战略转变。①在其他高校面临办学趋同化、人才培养目标纷纷向重点大学看齐的时候，合肥大学提出了“地方性、应用型、国际化”办学定位，并借鉴合作的德国大学的办学经验，办出了自己的特色。因此，实施错位竞争战略，建立符合自己学校发展实际的人才培养模式，比趋同化办学更有成效。

高校校长要发挥积极作用。校长在大学改革与发展中发挥着更积极主动的作用，成为了大学发展目标的决策者、学术发展的领导人、教育经费的筹集者，以及新大学制度的建设者等。特别是随着政府拨款占大学教育经费支出的比例不断减少，大学校长的筹款责任越来越大。② 大学校长发挥积极作用，广泛为学校宣传，会为学校争取更多的资源。2009年，蔡敬民接任合肥学院校长，几年后又转任学校党委书记。此时合肥学院已经在应用型人才培养上成绩斐然。但是，政府、学生及家长、社会公众对此知之甚少，办学质量的提升并没有及时得到利益相关者的感知和认同，政府对大学的支持也没有很大的改观。蔡校长意识到品牌的重要性，开始锲而不舍地去努力，让政府和社会公众认同学校。如其所言，“我不放过任何一次能宣传学校的机会，学校需要经营”。蔡敬民校长不厌其烦地向各级政府官员讲述合肥学院的故事。只要听说中央部委官员来合肥出差，蔡敬民总是千方百计与他们面谈，向他们介绍学校的办学思想、办学理念，讲述合肥学院应用型人才培养改革的故事。蔡校长富有感染力的表达，深深地打动了许多领导。2015年10月30日，中德两国总理共同视察合肥学院，并共同决定在合肥学院设立中德教育合作示范基地及基金，计划五年内投入“基地”建设资金9亿元，为合肥学院的建设带来了充足的资金。

---

① 周光礼．从同型竞争到错位竞争——高校品牌形成机制研究［J］．中国高教研究，2017（10）．

② 别敦荣．论市场化体制下大学校长的作用［J］．高校教育管理，2008（3）．

后 记

《一流本科教育探究》的创作过程是辛苦的，更是幸福的。

在 2019 年的大半年时间里，首先遇到的就是组建团队是否可行且有效的问题。经过一段时间的摸索、讨论与磨合，理论研究篇部分由宋彩萍教授担纲，其中第三章由宋彩萍、朱炎军合作完成，陈娜、王丽平、杨辉等是本部分研究的核心参与人员，他们从阅读文本、提纲修改、过程讨论到修改文本等做了大量工作，做出了重要贡献。同时，吴素梅对学习投入理论也提出了许多真知灼见。政策研究篇部分由朱炎军担纲，吕春辉（主要收集 1949~1967 年的高教资料）、马晓静（主要收集 1978~1990 年的高教资料）、黄志兵（主要收集 1991~2010 年的高教资料）加入该团队，在政策研究篇拟就过程中的资料收集与分析选择中付出了辛勤的劳动。高等教育学硕士、讲师梁宇担纲案例研究篇的设计与撰写任务，张静、陈霞玲、范洵等参与案例篇的校对、提供思路建议并承担英文查阅翻译和整理工作等，其中第九章和第十一章由宋彩萍、杨辉撰写。宋彩萍、朱炎军、梁宇三人每周一次的书稿进展与内容讨论会雷打不动，这种专业性很强的工作在很长一段时间都成为我们克服重重困难、激发内生动力、如期完成书稿的重要机制。全书由宋彩萍教授编稿。

上海对外经贸大学国民经济学 2018 级硕士生郑博强、统计信息 2019 级硕士生陈俊杰在本书撰写过程中给予了许多信息收集及手段利用方面的指导，是“教学相长”实践的生动写照。同事徐庆老师在研究过程中不断给予的支持与帮助让我们备受鼓舞；防控疫情期间，亲朋好友如邻居刘晶女士的关心与支持也让人终生难忘。

研究最紧张的时候是 2020 年 1~3 月，正是我们面临新冠疫情最严重的时期，同事朱炎军身处安徽六安，是疫情重点地区之一，但他在积极参与支部工作的同时，没有一天停止撰写工作；同事梁宇身处英国，因回国航班取消，不能如期回国，就把英国当作工作场所，不但承担书稿案例研究工作，还负责《高教要闻》的编辑研究工作；同事徐庆，不但每天为我们承担起上传下达的疫情报送、信息提示和分内的日常事务，还通过各种线上、平台形式，营造积极向上的团队工作氛围，创建师生共同组成的“战疫关爱工作群”；而我自己，也成功申请成为松江区泗泾镇的平安志愿者，每天承担起小区的疫情防控门岗监督任务，发现问题及时调查研究，撰写基层一线防控存在问题或隐患等方面的社情民意。我的先生不但加入了相关研究工作，还通过对自身大学生活的反思，帮我厘清思路，认真校对书稿内容，而且在亲身领略到研究工作如此“烧脑”的现实后，每天想尽办法为我补充营养，提醒我锻炼身体，确保身体健康。

在撰写本书的过程中，我们得到了来自各界人士的支持、帮助与鼓励，使得我们团队成员倍感温馨与温暖。华中科技大学刘献君教授和赵炬明教授、厦门大学别敦荣教授、上海师范大学夏人青教授等的帮助，给予我们力量乃至完成工作的信心与方法论指导；华中科技大学陈敏教授身处武汉还想方设法提供2012年在华中科技大学召开的“以学生为中心”的宝贵会议资料等，上海对外经贸大学高等教育研究所客座教授、日本东洋大学教授刘文君以及上海财经大学的应望江教授、高耀丽副研究员给予了许多方面的方法论启迪与实践方面的指导，上海财经大学高教所博士宋旭璞也为本书研究提供了许多有益的参考文献；上海市教育评估院高教所冯修猛所长、方乐博士很关心书稿的进展过程，经常问及并谈及自己的建议，中央教育科学研究院副研究员王春春、上海对外经贸大学冯敏教授为本书的修改特别是为美国精英文理学院数据的修正等提供了精准的原始资料！

希冀上海对外经贸大学高教所一如既往、勇于担当、善于创新、敢于实践，在“努力办好人民满意的教育，在加快推进教育现代化的新征程中培养担当民族复兴大任的时代新人”中有更大的作为。

宋彩萍

2020年10月于上海松江